Anthroposophisch orientierte Medizin
und ihre Heilmittel

S C H L E P P S
AM DORFBRUNNEN 17
7400 TÜBINGEN-HAGELLOCH
TELEFON 07071/65861

OTTO WOLFF

Anthroposophisch orientierte Medizin und ihre Heilmittel

VERLAG FREIES GEISTESLEBEN

©1977 Verlag Freies Geistesleben GmbH, Stuttgart
Herstellung: GAISER Offsetdruck Buchdruck, Schwäbisch Gmünd
ISBN 3 7725 0682 8

Vorwort

In den letzten Jahrhunderten ist die Heilkunst zunehmend von den Natur-
wissenschaften beeinflußt und ergriffen worden. Der Blick des Arztes
wurde allmählich vom Menschen und seiner ihn prägenden Umgebung weg
durch die enge Röhre des Mikroskopes gerichtet. Was ursprünglich als
Eukrasie oder Dyskrasie der Humores geschaut wurde, ist als stoffliche
Reaktion in die Reagenzgläser gedrängt worden. Das Bild des Menschen
ist verloren gegangen. Der kranke Mensch wird nicht mehr als geistig-
seelisches Wesen gesehen, er wird nach den durch Physik und Chemie
erzielten Befunden beurteilt und als zu reparierendes Objekt behandelt.
Daß man es hierbei zu einer bewunderungswürdigen Perfektion gebracht
hat, soll voll anerkannt werden. Aber obwohl der medizinische Apparat
immer mehr mechanisiert, elektronisiert und kompliziert wird, werden die
Menschen immer kränker.

Von den in dieser Medizin tätigen Ärzten, die sich einen klaren Blick und
ein freies Urteilsvermögen erhalten haben, die nicht ganz mit ihrem Denken
in die Mechanik dieser angeblich naturwissenschaftlichen Medizin unter-
getaucht sind, wird festgestellt und ausgesprochen, daß die Medizin selbst
krank ist. Oft sind es junge Menschen, die im Studium stehen, oder als
junge Ärzte über das Stadium der Faszination, die von der heutigen Medizin ausgeht, hinweg sind, die nach einem Ausweg aus der einseitigen Ver-
festigung der Medizin suchen. Sie suchen eine Anschauung vom Menschen,
die sie den gesunden, den kranken und den schicksalbeladenen Menschen
erkennen läßt. Eine Wissenschaft, die ein solches Menschenbild vermittelt,
liegt schon seit dem Beginn unseres Jahrhunderts in der Anthroposophie
Rudolf Steiners vor.

In dieser Schrift wird die aus der Anthroposophie hervorgegangene Heilkunst in kurzer und klarer Form dargestellt. Die hier vorliegende Infor-
mation zeigt, daß die anthroposophisch orientierte Medizin nicht im Gegensatz zu einer echten Wissenschaft steht, sondern daß sie eine Erweiterung
der heute gelehrten und ausgeübten Medizin ist. Der Leser dieser Schrift
wird zum Studium der Literatur Rudolf Steiners angeregt, und somit wird
sie ihren Zweck in der besten Weise erfüllen.

Dr. Friedrich Lorenz

Medizinische Sektion
der Freien Hochschule für Geisteswissenschaft
Goetheanum, Dornach (Schweiz)

Anthroposophisch orientierte Medizin und ihre Heilmittel

Zur medizinischen Situation

Wenn ein Patient heute zum Arzt kommt, so erwartet er eine rasche Linderung seiner Beschwerden. Er ist überzeugt, daß man nahezu gegen sämtliche Leiden „etwas tun kann". Und so erwarten die meisten Patienten z. B. Tropfen für das Herz, Tabletten gegen die Schmerzen und dann noch ein Medikament „für die Nerven", d. h. zur Beruhigung. Der moderne Patient ist also gewöhnt, daß die „Störung" behandelt wird. Er erwartet vom Arzt, daß er diese genau so beseitigt, wie man eine Panne beim Auto behebt.

Tatsächlich leben wir in einem Zeitalter, das über so wirksame Medikamente verfügt, wie man dies noch vor 30 Jahren nicht erwartet hätte. Es gelingt heute nahezu sicher, Entzündungen in kurzer Zeit zum Abklingen zu bringen, Erregungszustände zu dämpfen, Infektionen zu beherrschen, Schmerzen zu lindern oder tödliche Komplikationen durch Medikamente zu beherrschen. Selbst ein Mensch, der beide Nieren verloren hat, kann weiterleben, denn es gibt die künstliche Niere; Diabetiker können mit Hilfe von Insulin ein — fast — normales Leben führen usw. Die Medikamente werden dauernd weiterentwickelt und noch intensiver, noch rascher und länger wirksam gemacht. Es ist deshalb kein Wunder, daß — nicht nur in Laienkreisen — der Eindruck entsteht, so wie man manche Krankheiten „ausgerottet" hat und andere heute mühelos beherrscht, so wird man auch die Krankheitsprobleme unserer Zeit in den nächsten Jahrzehnten lösen.

Zweifellos hat die heutige Medizin triumphale Erfolge in der Bekämpfung von Krankheiten erzielt. Man muß jedoch klar sehen, worauf diese Erfolge beruhen. Daß man eine künstliche Niere konstruieren konnte, war ein technisches Problem. Die Entwicklung der so hochwirksamen Medikamente ist ein Ergebnis chemischer Forschung, neue Geräte verdanken wir den Physikern usw. Die Fortschritte der Medizin gehen also in erster Linie nicht auf das Konto der eigentlichen ärztlichen Kunst, sondern sind Ergebnisse der Technik, Chemie und Physik, d. h. Naturwissenschaft. Es ist selbstverständlich, daß man sich deren Forschungsresultate zunutze macht. Es hat sich jedoch die Medizin immer mehr diesen Disziplinen *unter*geordnet und damit ihr eigenes Wesen verleugnet. Der Leidtragende dieser Entwicklung ist trotz — oder wegen — der Erfolge der Medizin der Patient, d. h. der Mensch, da die Einheit seines Wesens nicht mehr gesehen wird, was für eine nur naturwissenschaftliche Betrachtungsweise auch nicht möglich ist.

Es ist unverkennbar, daß diese Entwicklung dazu geführt hat, daß die Menschen kein inneres Verhältnis zur Krankheit mehr finden, sie keinen Sinn in ihr mehr sehen und die Krankheit auch nur noch als technisches Problem, nämlich eine Betriebsstörung, als einen Defekt empfinden, der ohne Zutun des Patienten entstanden ist und ebenfalls ohne sein Mittun vom Arzt repariert werden soll. Das ist durchaus verständlich, da auch in der modernen Medizin die Krankheit als ein „Irrtum des Stoffwechsels", eine „Fehlsteuerung", ein „gestörter Regelkreis" usw. angesehen wird. Dabei wird die Frage nicht gestellt, wer denn eigentlich falsch steuert, wer sich irrt usw.

Die heutige Medizin ist ganz einseitig naturwissenschaftlich orientiert. Die eigentlichen ärztlichen Fähigkeiten, wie „klinischer Blick" (Risak), Einfühlungsvermögen, Kontakt usw., Erfassen der Individualität des Patienten, seines Schicksales, der Konstitution usw. werden heute viel geringer beurteilt als eine Diagnose, die mit großem apparativem Aufwand gestellt wird. Selbstverständlich wird

8

sich kein Arzt sträuben, die verfeinerte heutige Diagnostik in Anspruch zu nehmen. Man muß jedoch klar sehen, daß dieses alles nur Hilfsmittel sein sollten, die die eigentliche ärztliche Fähigkeit unterstützen, sie aber nicht ersetzen können. Insofern liegt heute eine sehr einseitige Verschiebung innerhalb der Medizin vor. Deshalb existiert heute die Meinung: Die naturwissenschaftliche Seite der Medizin sei die alleingültige, zu erforschende und zu wertende. Der heutigen Medizin liegt ein auf eine Einseitigkeit reduziertes Weltbild zugrunde, das der Gesamtwirklichkeit des Menschen nicht gerecht werden kann.

Die psychosomatische Forschungsrichtung bemüht sich zwar intensiv, die Bedeutung des Seelenlebens für die Krankheitsentwicklung aufzuzeigen, aber angesichts der vorherrschenden naturwissenschaftlichen Anschauungsweisen kommt es höchstens zu einem Parallelgehen, z. B. der Psychotherapie *neben* der inneren Medizin, was auch Ausdruck der Spezialisierung ist.

So wird in der medizinischen Entwicklung ein Mißverständnis immer offenkundiger: Auf der einen Seite ist es gelungen, das Lebensalter der Menschen entscheidend zu verlängern — bis jetzt; es bedarf aber keiner tiefen Einsicht, um zu erkennen, daß diese Tendenz sich nicht beliebig fortsetzen läßt. — Auf der anderen Seite ist die Zunahme der Lebenserwartung keineswegs gekoppelt mit einem verbesserten Gesundheitszustand. Es ist eine unbestreitbare Tatsache, daß die Menschheit immer kränker geworden ist. Dafür spricht nicht nur die bereits in wenigen Jahren zu beobachtende, zunehmende konstitutionelle Schwächung z. B. der Schulanfänger, die allgemein zu beobachtende Zunahme der Erkrankungen des Stützgewebes, Bindegewebsschwäche mit den entsprechenden Folgen, besonders Wirbelsäulenschäden, steigende Erkrankungszahlen bei nahezu allen chronischen und degenerativen Krankheiten sowie der steigende Gebrauch von Medikamenten usw. Dies zwingt dazu, das grundsätzliche Ziel des eingeschlagenen Weges in Frage zu stellen. Vielfach erfolgt die Anwendung der Medikamente nicht unter dem Gesichtspunkt der Heilung, sondern eines Erfolgsbegriffes, der lediglich auf eine Wirkung abzielt. Die Frage nach der Zweckmäßigkeit und damit dem Sinn eines Krankheitssymptomes wird dabei nicht gestellt.

Krankheit und Heilung

Die Krankheit geht den ganzen Menschen an. Eine körperliche Einwirkung kann dem Menschen Schmerz, d. h. ein seelisches Erlebnis verursachen. Umgekehrt kann ein seelischer Schock, ein Schreck, bis in körperliche Reaktionen hineinwirken, ja er kann zum Tode führen. Diese akuten Auswirkungen, die leicht zu beobachten sind, finden auch bei geringer, aber länger dauernder Einwirkung statt. Natürlich kennt man heute Einwirkungen seelischer Art, die zu körperlichen Krankheiten führen, und umgekehrt, doch reichen diese Kenntnisse nicht aus, um das Problem Krankheit und ihre Bedeutung für den Menschen zu erfassen. Die Basis der Medizin ist heute die Naturwissenschaft. Die Krankheit ist aber kein naturwissenschaftliches Problem. Deshalb ist es verständlich, daß diese Grundfragen heute nicht geklärt sind. „Obwohl die Basis der heutigen Medizin die Krankheitsbilder sind, ist diese Medizin nicht in der Lage gewesen, eine befriedigende und allgemeingültige Definition dessen zu geben, was eigentlich Krankheit ist und als solche zu gelten hat."[1]

Die Krankheitsauffassung und die Frage nach dem Sinn eines Krankheitssymptoms sind keineswegs theoretische Überlegungen, sondern von eminenter praktischer Wichtigkeit: Nach der umfassenden Menschenkunde, wie sie dem anthroposophischen Menschenbild zugrundeliegt, gibt es zwei große Gruppen von Krankheiten, die sich polar zueinander verhalten, d. h. sie stehen sich so gegenüber, daß sie sich gegenseitig die Waage halten. Es sind dies die *entzündlichen* — gemeint sind hochfieberhafte — Krankheiten, denen die *sklerotischen* Krankheiten gegenüberstehen, zu denen auch der Krebs und die Zuckerkrankheit gehören. Daß diese zwei Gruppen sich polar verhalten, besagt auch, daß sie sich gegenseitig aufheben können und im ständigen Wechselspiel miteinander stehen, wie es beim Waagebalken der Fall ist: Das Absinken der einen Seite kann sowohl durch ein Übergewicht an dieser Stelle, wie auch ein fehlendes Gegengewicht auf der anderen Seite bedingt sein. So kann auch eine Krankheit oder ein Symptom erst dann wirklich verstanden werden, wenn man die betreffende Störung unter dem Aspekt des Gegenspielers sieht. — Der Mensch von heute ist allerdings gewöhnt, linear zu denken, d. h. daß sich eines aus dem anderen entwickelt und die einzelnen Abzweigungen dann keinen Kontakt mehr miteinander haben.

Die polare Betrachtungsweise, wie sie vor allem von Goethe nach-
drücklich vertreten wurde, besagt, daß sich aus einem Ursprung ein
Gegensatzpaar entwickelt hat, das nur als Gesamtheit zu verstehen
ist, bzw. ist das eine nicht ohne das andere möglich und auch nicht
verständlich. Dies gilt auch für die geschilderten polaren Krankheitstendenzen der Entzündung und Sklerose. An einem Beispiel
soll dies erläutert werden:

Die Tatsache, daß Entzündung und Krebsbildung etwas miteinander zu tun haben, ist in der Vergangenheit von sehr vielen Seiten
konstatiert worden[2], und zwar so gut wie immer mit dem Ergebnis,
daß ein gewisser Antagonismus vorliegt, d. h. daß diese beiden
Pole Gegenspieler sind. So zeigte sich, daß eine Neigung zu Entzündungen bei einer Krebskrankheit etwas Seltenes ist, daß Krebs-
kranke auch eine gewisse Immunität gegen bestimmte Infektions-
krankheiten besitzen und vor allem, daß die wenigen Fälle von
Spontanheilung bei Krebs zumeist im Gefolge einer hochfieberhaften Krankheit eintraten.

Wenn die Wechselwirkung von Entzündung und Krebs zwar schon
lange bekannt ist, aber dennoch kaum zu praktischen Konsequenzen geführt hat, so liegt dies einmal darin, daß der Begriff der Polarität zu einem vollen Erfassen dieses Verhältnisses fehlt. Zum an-
dern wird die Bedeutung des Fiebers als integrierender Faktor bei
der Entzündung nicht entsprechend gewürdigt. Nach Untersuchungen des französischen Nobelpreisträgers Lwoff[2] hängt die Ab-
wehrlage gegen Viren vielmehr von der Temperatur des Organismus ab als von humoralen oder zellulären Reaktionen. Durch
entsprechende Untersuchungen konnte gezeigt werden, daß es
z. B. sehr unzweckmäßig ist, bei einer Virusinfektion durch ein
Antipyretikum die Temperatur zu senken. Dies begünstigt eine
Vermehrung der Viren, Erhöhung der Schädigungen und größere
Sterblichkeit. Durch diese Untersuchungen ist experimentell bestätigt, was sich aus der Einsicht in die oben geschilderte Polarität
ergeben konnte. In der Praxis werden allerdings diese Einsichten
und experimentellen Ergebnisse keineswegs berücksichtigt.

Aus der erwähnten polaren Betrachtungsweise des Krankheitsge-
schehens können sich fruchtbare Konsequenzen für Pathologie
und Therapie ergeben, u. a. auch die Einsicht, daß *Gesundheit*

11

nicht in dem Fehlen von entzündlichen und sklerotischen Tendenzen im Organismus besteht, sondern in einem *Gleichgewicht dieser beiden polaren Kräfte.*

Die Folge aus dieser Einsicht in das Verhältnis von Gesundheit und Krankheit ist die geschilderte Tatsache, daß zwei große Krankheitsgruppen polar zueinander stehen und sich damit bis zu einem gewissen Grade aufheben können, d. h. eine Krankheit kann eine andere Krankheit heilen — eine vielleicht schockierende Feststellung, zumal es ja das Bestreben der Menschen ist, möglichst alle Krankheiten zu verhindern. Dennoch sind diese Verhältnisse nicht ganz unbekannt: So sagte der griechische Weise Parmenides: „Gib mir ein Mittel, um Fieber zu erzeugen, und ich heile jede Krankheit". Heute können wir zwar Fieber erzeugen, aber trotzdem nicht jede Krankheit heilen. Diesem Ausspruch liegt aber ein Wissen von der Heilkraft des Fiebers zugrunde, das man erst in neuerer Zeit nur zum Teil wiederentdeckt, aber doch noch nicht in der vollen Bedeutung erkannt hat.

So ist die oben erwähnte Tatsache zu verstehen, daß die wenigen Fälle von natürlicher Krebsheilung, d. h. ohne ärztliches Zutun, zumeist auf einer hinzukommenden anderen, nämlich hochfieberhaften Krankheit (meist Wundrose) beruhen.

Das heißt aber auch, daß das Unterdrücken einer Krankheit eine andere Krankheit fördern kann. Die Folgerung aus dieser Einsicht ist von weitreichender Bedeutung, denn sie besagt, daß es u. U. gelingen mag, durch eine leichte Krankheit (z. B. eine Impfung, die immer eine gewisse Belastung, d. h. „kleine Krankheit ist") eine schwerere zu verhindern. Es kann jedoch durchaus auch das Gegenteil vorliegen, nämlich daß durch das Verhindern einer leichten Krankheit einer schwereren Vorschub geleistet wird. Da heute sehr vieles machbar ist, benützt man alle diese Möglichkeiten, bedenkt jedoch nicht den letzteren Fall, daß u. U. eine akute, harmlose Krankheit der Versuch des Organismus ist, ein schweres chronisches oder evtl. tödliches Leiden zu verhindern. Selbstverständlich muß dazu berücksichtigt werden, um welche Krankheiten es sich jeweils handelt. Hier liegt ein großes Feld von weitreichender Bedeutung vor. Vielfach könnte eine „unerklärliche" Zunahme von bestimmten Krankheiten durch das Studium gerade anderer Krankheiten eine Lösung finden.

12

Eine weitere Folge dieser grundlegenden Auffassung von Gesundheit und Krankheit ist, daß die beiden geschilderten Krankheitstendenzen der Entzündung und Sklerose zum Menschen gehören und er ohne diese *Tendenzen* nicht gesund leben kann. Verhärtungen sind nämlich genauso nötig wie Auflösungen. Gäbe es keine verhärtenden Prozesse im Organismus, dann hätte der Mensch keine Knochen und keine Zähne. Gäbe es andererseits keine Auflösungen, die an die Möglichkeit zur Entzündung gebunden sind, dann könnte der Mensch nicht wachsen und sich regenerieren, da „alte" Substanzen nicht weggeschafft werden könnten, dann wäre der Mensch dauernd krank vor lauter „Schlacken".

Eine weitere Konsequenz daraus ist, daß die Fähigkeit, krank zu werden, zum Wesen des Menschen gehört und für ihn eine Hilfe sein kann. Damit gewinnt aber die Krankheit einen Sinn, der ihr heute grundsätzlich abgesprochen wird. Die Krankheit ist das Extrem einer für den Menschen notwendigen Krankheitstendenz. Diese hat den Sinn und die Aufgabe, den Menschen zu sich selbst zu führen und ihm sein Menschsein im höheren Sinne zu ermöglichen. „Könnten wir als Menschen nicht krank werden, so könnten wir auch keine geistigen Wesen sein; denn nur dadurch sind wir geistige Wesen, daß wir die Möglichkeit zum Krankwerden in uns haben. Was im Denken, Fühlen und Wollen immer auftreten muß, tritt in einer abnormen Weise in der Krankheit auf." (R. Steiner)

Vom Wesen der Heilung

Den einfachsten Vorgang der Heilung hat wohl jeder Mensch schon erlebt. Nehmen wir an, die Haut sei durch eine Verletzung, einen Schnitt, getrennt, dann fixiert man die Wundränder aneinander und wartet einige Tage. In dieser Zeit hat sich eine Verklebung zwischen den Wundrändern gebildet, die schließlich die beiden Teile fest verbindet. Nach einiger Zeit ist die Wunde wieder zugewachsen, d. h. durch eine kleine Narbe geheilt, die Trennung ist aufgehoben, die Einheit wieder hergestellt. — Selbst bei einem Knochenbruch liegt prinzipiell dasselbe Geschehen vor: Ein Knochen ist gebrochen, er ist „ent-zwei". Die Krankheit besteht also zunächst in der Trennung, die Heilung in der Wiederherstellung der Ordnung, einer neuen Verbindung des Getrennten, die nun fester ist als vorher, was sehr bedeutsam ist.

Diese Heilung geschieht „von selbst", d. h. ohne äußeres Zutun, denn das Nähen einer Wunde oder ein Gips schaffen nur die Bedingung zur Heilung, nicht diese selbst. Nichts wäre aber törichter, als zu meinen, dieser hochkomplizierte und sinnvolle Vorgang verlaufe ungelenkt und von allein; es muß vielmehr im Organismus ein übergeordnetes, unsichtbares Prinzip sein, dem diese weisheitsvollen Vorgänge unterstehen. Zweifellos hängt dies mit den Wachstumskräften zusammen, geht aber noch darüber hinaus, denn Haut und Knochen müssen zwar wieder zusammenwachsen — aber Wachstum allein ist noch nicht Heilung. Hier ist der „Inwendig-Arzt" tätig, wie Paracelsus sagte. Man spricht zwar heute noch von „Selbstheilungskräften", ohne daß man diesen Begriff aber recht fassen kann.

Woher wissen die einzelnen Zellen, wann das Wachstum aufzuhören hat? Jede Zelle des Organismus ist ja nicht isoliert zu verstehen, sondern immer Ausdruck und Instrument des Gesamtorganismus. Letztlich handelt es sich bei der Heilung um das unseren gesamten Organismus durchziehende Lebensprinzip, das z. B. im Laufe des Wachstums aus einem zunächst ungeordneten oder undifferenzierten Zellhaufen einen Organismus macht. Der Heilungsvorgang ist ein Teil der Lebens- und Wachstumskräfte, die jedes Lebewesen durchdringen. Dieses übersinnliche Organisationsprinzip wird in der anthroposophischen Geisteswissenschaft Ätherleib oder Lebensleib genannt. Das Leben ist übersinnlicher Natur. Wir sehen seine Äußerungen, nicht das Wesen. Für die direkte Wahrnehmung dieser Lebensprozesse haben wir ebensowenig physische Sinnesorgane wie für die Wahrnehmung der im untersinnlichen Bereich bleibenden Kräfte Elektrizität und Magnetismus.

In früherer Zeit empfand man den Unterschied zwischen der heilenden Funktion des Organismus und etwa der Tätigkeit des Arztes sehr genau und sagte „Medicus curat, natura sanat", der Arzt kuriert, hilft eben nur, d. h. er schafft die Bedingungen, die Natur aber heilt. (In manchen modernen Sprachen ist diese feine, aber wesentliche Unterscheidung, die in der lateinischen Sprache noch ganz klar ist, überhaupt nicht mehr ausdrückbar.)

Wie ist es aber möglich, diese Heilungsvorgänge zu beeinflussen? Das haben die Menschen seit alten Zeiten versucht und getan — immer in Abhängigkeit von ihrer Lebensauffassung.

14

Welche Möglichkeiten gibt es überhaupt, herauszufinden, ob und wobei eine Pflanze oder Substanz in der Lage ist, heilend zu wirken oder nicht?

Zur Heilmittelfindung

Sowohl historisch wie nach Ziel und Angriffspunkt kann man vier verschiedene Arten der Arzneimittelfindung unterscheiden:

1. Volksmedizin, Naturheilkunde

In alten Zeiten und bei allen Völkern kann man den Gebrauch genau zugeordneter Heilkräuter bei bestimmten Krankheitszuständen finden. Woher wußten die Menschen von diesen Beziehungen und Verbindungen von Pflanze und Krankheit? Man glaubt heute, daß die Menschen das dazumal einfach ausprobiert haben. Wäre dies der Fall, um wieviel leichter müßte es heute möglich sein, solche Beziehungen herauszufinden, da wir über exaktere Diagnosen und Beobachtungsmöglichkeiten verfügen! Gerade die modernen Arzneimittel-Prüfungen zeigen jedoch, wie schwer es ist, solche Zusammenhänge wirklich zu erkennen. Dennoch besteht kein Zweifel, daß jene Heilwirkungen bei den Pflanzen vorhanden sind. Auch heute noch werden viele Medikamente, z. B. für Herzkrankheiten, aus Pflanzen gewonnen, die seit Jahrhunderten dabei in Gebrauch sind, wie Fingerhut, Weißdorn, Maiglöckchen usw. Heute isoliert man allerdings die sogenannten Wirkstoffe, reichert sie an und standardisiert sie. — Dem Menschen früherer Zeiten waren auch sämtliche Pflanzen bekannt, die eine anregende Wirkung haben, d. h. die koffeinhaltig sind. Nicht eine einzige Pflanze konnte später durch chemische Analyse gefunden werden, die Koffein enthält, von der es nicht schon vorher aus dem Volkswissen bekannt gewesen wäre! Auch praktisch alle Rauschgiftpflanzen waren schon vor Hunderten von Jahren bekannt. Es ist völlig unsinnig, anzunehmen, daß dies alles durch „Probieren" gefunden worden sein soll.

Die Kräuterweiber alter Zeiten besaßen ganz gewiß nicht die Fähigkeit für exakte Untersuchungen. Vielmehr lag bei diesen ein *anderer Bewußtseinszustand* vor. Diese Menschen hatten beim Anblick der Heilpflanzen Empfindungen, die ähnlich waren wie bei den betreffenden Krankheitszuständen. Sie erlebten unmittelbar das Wesen und damit die Wirkung der Pflanze. In ähnlicher Weise fressen ja auch Tiere im allgemeinen Giftpflanzen nicht, ja sie finden sogar bei Erkrankung oft selbst ihre Heilpflanzen. Die Tiere erleben auf einer dumpfen, instinktiven Stufe das Wesen der betreffenden Pflanzen und empfinden es als abstoßend oder anziehend, so daß sie es meiden oder aufsuchen. Manche Menschen in früherer Zeit besaßen eine ähnliche Fähigkeit. Mit dem aufkommenden schärferen Bewußtsein der Neuzeit verlor sich diese instinktive Fähigkeit, über die einzelne Menschen noch längere Zeit verfügten. Heute kann man nur noch von Tradition auf dem Gebiet der Naturheilkunde sprechen.

So bemühte man sich z. B. in früherer Zeit, das Wirksame einer Heilpflanze einzufangen, man bereitete eine „Essenz". Man nannte diese Zubereitung so, weil sie das „Seiende", das Wesen etwa einer Pflanze enthalten sollte. Heute versteht man unter Essenz lediglich abstrakt einen alkoholischen Auszug. Man benutzte selbstverständlich auch Gifte und wußte genau, daß erst die Dosis das Gift ausmacht, d. h. daß die verabreichte Menge entscheidend ist. Man wußte, daß gerade Giftpflanzen sehr häufig Heilpflanzen sind und das gezielte Einsetzen dieser „Gifte" die Kunst des Arztes ist.

2. Chemotherapie

Mit der aufkommenden Entwicklung der Chemie versuchte man, die „Inhaltsstoffe" von Pflanzen zu analysieren und dann synthetisch nachzuahmen und abzuwandeln. Vor allem aber untersuchte man die Wirkung von bislang in der Natur *unbekannten Stoffen,* die auf chemisch-synthetischem Wege hergestellt worden sind. Da deren Auswirkung auf Menschen und Tiere nicht bekannt sein konnte, mußten diese erst im *Tierversuch* getestet werden. Wenn es nun gelang, mit irgendeiner Substanz das Fieber oder den Blutdruck zu senken, die Schmerzen zu dämpfen usw., dann wandelte man diese Substanz so lange ab, bis sie relativ verträglich wurde und wandte sie dann auch beim Menschen an. Da es — auch heute noch — unmöglich ist, die gesamten Wirkungen aus der chemischen Formel einer Substanz im vorhinein abzulesen, ist es auch grundsätzlich nicht möglich, unvorhergesehene Wirkungen, die evtl. beim Tier nicht auftreten oder nur bei bestimmten Tierarten, beim Menschen entsprechend vorauszusagen. Das liegt im Wesen der Sache und ist keine Frage der Genauigkeit der Untersuchung, Prüfung oder Versuchsanordnung. Die bekannte Contergan-Katastrophe ist hier-

16

für ein Beispiel. Diese Substanz, das Thalidomid, war im Tierversuch sehr gut geprüft, bevor sie beim Menschen zum Einsatz kam. Trotzdem ereigneten sich die Mißbildungen beim Menschen, bei den meisten Versuchstieren aber nicht. Diese konnten erst nachträglich festgestellt werden. Für die synthetischen Präparate, von denen die meisten in der Natur nicht vorkommen, gibt es keinen anderen Weg, Wirkungen oder Nebenwirkungen zu bestimmen als den Tierversuch. Da aber zwischen den Menschen und den Tieren zweifellos erhebliche Unterschiede bestehen, ist die Übertragung der im Tierversuch gewonnenen Ergebnisse auf den Menschen stets äußerst problematisch und nur in einem sehr begrenzten Maße überhaupt möglich. Insbesondere lassen sich nur bestimmte Wirkungen feststellen. Aussagen über die Heilung sind auf diese Weise nicht zu erreichen.

3. Homöopathie

Um das Jahr 1790 entwickelte der Arzt Samuel Hahnemann (1755 bis 1843) das später als Homöopathie bekannt gewordene Verfahren der Heilmittelfindung. Sein Prinzip des „similia similibus curentur" (Ähnliches soll durch Ähnliches geheilt werden) geht davon aus, daß bestimmte Substanzen, z. B. Pflanzenauszüge, im menschlichen Organismus bestimmte entsprechende Erscheinungen hervorrufen, die z. B. manchen Krankheitsbildern ähnlich sind. Liegt nun solch eine Krankheit vor, so kann man die betreffende Substanz, die beim Gesunden dieses Erscheinungsbild hervorrufen würde, in kleinsten Gaben, in sehr hoher „Verdünnung" geben und damit die Krankheit heilen. — Deshalb sind in der Homöopathie das Krankheitsbild und das Heilmittel identisch. Für den Kenner und Könner bedeutet dies, daß er mit der Diagnose zugleich die Therapie hat. Er geht von dem betreffenden Symptombild aus und weiß, daß dieses einem bestimmten Heilmittel entspricht. Dennoch ist diese Therapie alles andere als etwa eine symptomatische Therapie, ja deren Gegenteil, denn sie erfaßt die hinter den Symptomen als Ganzes stehende Störung, nicht das Symptom direkt. Dieses ist nur Leitmotiv, nicht Angriffspunkt.

Der Begriff Homöopathie wird heute im allgemeinen Sprachgebrauch meist auf Heilmittel angewandt, die nach dem Potenzierungsverfahren (siehe unten) hergestellt sind. Das Simile-Prinzip, das der wesentliche Grundsatz der Homöopathie ist, liegt jedoch auch vielen anderen heilenden Maßnahmen zugrunde. So kann man z. B., um eine Mehrdurchblutung etwa eines Beines zu erreichen, dieses eine Zeitlang abbinden. Öffnet man die Sperre, so tritt als Reaktion eine bessere Durchblutung ein, die stärker ist, als vor dem Abbinden (Bier'sche Stauung). Dieses Verfahren geht auf Prof. August Bier zurück, einen bedeutenden Chirurgen, der sich lebhaft für die Homöopathie eingesetzt hat. Ihm war übrigens der homöopathische Charakter dieser Maßnahme durchaus bewußt.

Im Grunde genommen gehören zu dem homöopathischen Verfahren auch jede Reizkörper-Therapie und viele Umstimmungs-Maßnahmen, da diese meist kleine Belastungen bedeuten, die zum Ziel haben, den Organismus zu aktivieren, also durch Überwindung stärker zu machen.

Das treffende „passende" Heilmittel ist deckungsgleich mit dem Krankheitsbild. Dem Organismus wird also genau seine Krankheit in verwandelter Form als Heilmittel verabreicht. In massiver Form würde es die Krankheit verstärken. In speziell zubereiteter, potenzierter Form kann es heilen. Es ist nicht mehr die Substanz, sondern eine Kraftwirksamkeit, die zur Anwendung kommt. Dadurch „lernt" der Organismus am Überwinden genau der fehlenden Kräfte die Krankheit zu beherrschen.

Hahnemann kam zu seiner Entdeckung dadurch, daß er bei sich selbst als Gesundem Chinarinde anwandte. Er kam dadurch in einen Zustand, daß die Füße, Fingerspitzen usw. kalt wurden, schneller Puls, Herzklopfen sowie Abgeschlagenheit in allen Gliedern auftraten. Er deutete diesen Zustand, der ihm bekannt war, richtig als die Krankheitserscheinungen, wie sie sonst beim Wechselfieber auftreten. Er schloß daraus, daß das Medikament einen Zustand hervorruft, wie er sonst in der Krankheit vorliegt. Demnach müßte man einen Krankheitszustand gerade mit der Substanz behandeln können, die genau diesen Zustand erzeugt, allerdings in abgewandelter Form. Es gilt also, die Entsprechung zu finden zwischen Krankheit und Substanz. Dies geschieht in der Homöopathie durch den Arzneimittel-Prüfungsversuch am gesunden Menschen.

Auf diese Weise sind im Laufe von fast 200 Jahren Hunderte von Pflanzen, Mineralien und tierischen Giften auf ihre heilenden Fähigkeiten untersucht worden.

Dieses Vorgehen der Heilmittelfindung ist der eine Kunstgriff der Homöopathie; der andere ist die Zubereitung: Würde man das einer Krankheitssituation entsprechende Medikament, das also diesen Zustand hervorruft, in konzentrierter Form verabreichen, so müßte dies zu einer Verschlimmerung des Zustandes führen.

Der geniale Kunstgriff der Homöopathie besteht darin, genau das Medikament zu verabreichen, das die Krankheitserscheinungen hervorzurufen imstande ist, aber dieses nicht in massiv-substantieller Form zu geben, sondern speziell zubereitet, „potenziert".

Wie geschieht dieser Vorgang, d. h. wie wird eine Substanz zum Heilmittel gemacht?

Das Verfahren der Zubereitung solch einer Ausgangssubstanz, also eines Minerals wie Schwefel, oder eines Pflanzenauszuges wie z. B. Belladonna oder tierischer Gifte, nannte Hahnemann *potenzieren*. Dabei wird ein Teil der Ausgangssubstanz mit 9 Teilen „Medium", d. h. Wasser, Alkohol oder Milchzucker verschüttelt oder verrieben, also verdünnt. Hiervon wird wieder ein Teil mit 9 Teilen Medium verarbeitet usw. Es wird also ein Verdünnungsverhältnis von 1 : 10 mehrfach wiederholt. So entstehen die Dezimalpotenzen (lat. decem = 10), die mit D 1, D 2, D 3 usw. bezeichnet werden.

Einer D 1 entspricht also die Konzentration 10 %,

D 2	1 %,
D 3	0,1 %,
D 4	0,01 %,

usw.

Nimmt man einen Teil Ausgangssubstanz und 99 Teile Medium, so entspricht dies einer Verdünnung von 1 : 100 (lat. centum). Man nennt diese Zubereitungen Centesimal-Potenzen, die mit C bezeichnet werden. In Frankreich ist es z. B. üblich, C-Potenzen anzuwenden, während man in Deutschland D-Potenzen bevorzugt.

Hahnemann war es als Arzt und umfassend gebildetem Naturwissenschaftler durchaus klar, daß nicht die „Verdünnung" entscheidend war, sondern die „Dynamisation", wie er es nannte, die bei der Potenzierung geschieht. Er spricht von „dynamischen Kräften, welche vorzugsweise auf das Lebensprinzip . . . Einfluß haben. — Die homöopathische Heilkunst entwickelt zu ihrem besonderen

Behufe die inneren, *geistartigen Arzneikräfte* der rohen Substanzen . . ." Es kommt also nicht auf die wenigen evtl. noch vorhan-
denen Moleküle der Ausgangssubstanz an, sondern darauf, daß
die „Materie . . . mittels solcher höheren und höheren Dynamisationen sich endlich ganz zu geistartiger Arznei-Kraft subtilisiert
und umwandelt."[3]

Man spürt im Originaltext die Schwierigkeit des Ausdrucks, mit der
Hahnemann ringt. Es war ihm völlig klar, daß die geringen Mengen
Ausgangssubstanz, die in einer höheren Potenz vorhanden sein
mögen, mit der Wirkung des Arzneimittels nichts mehr zu tun haben.
Es fehlte ihm offensichtlich der passende Begriff, das, was er richtig
gefunden hatte, auch zu beschreiben. Es sind *Kräfte*, die bei dem
Medikament wirksam werden, nicht Substanzen. Er nennt sie „geist-
artige Kräfte", d. h. sie sind nicht direkt Geist, aber auch nicht mehr
Substanz. Den Vorgang der Geistbefreiung nennt er „Dynamisation", „Potenzierung", was man etwa mit Kraftentfaltung über-
setzen könnte.

Keinesfalls meinte Hahnemann, daß die „Verdünnung" das Entscheidende sei. Diese ist nur das Mittel zum Zweck, auf das es *nicht* ankommt: „Man hört noch täglich die homöopathischen Arzneimittel
bloß Verdünnungen nennen, da sie doch das Gegenteil derselben, d. i.
wahre Aufschließung der Natur-Stoffe und Zutage-Förderung und
Offenbarung der in ihrem inneren Wesen verborgen gelegenen,
specifischen Arzneikräfte sind, durch Reiben und Schütteln bewirkt,
wobei ein zuhülfe genommenes unarzneiliches Verdünnungsme-
dium bloß als *Neben-Bedingung* hinzutritt. Verdünnung allein . . .
wird hier zu bloßem Wasser; Kochsalz verschwindet in der Verdünnung mit Wasser und wird nie dadurch zur Kochsalz-Arznei,
die sich doch zur bewundernswürdigsten Stärke durch unsere wohl-
bereiteten Dynamisationen erhöht."[4]

Bezüglich der Wirkung schreibt er: „Es sind nicht die körperlichen
Atome dieser hoch dynamisierten Arzneien . . ." sondern . . . „eine
aus der Arznei-Substanz . . . frei gewordene, spezifische Arznei-
kraft, welche . . . auf den ganzen Organismus dynamisch einwirkt,
und zwar desto stärker, je freier und immaterieller sie durch die
Dynamisation geworden ist."[5]

Das homöopathische Arzneimittel wirkt also nicht direkt im Sinne
einer molekular-chemischen Reaktion, sondern „geistartig" auf das

Lebensprinzip in der Region, die den stofflichen Reaktionen *über-geordnet* ist! Anders ausgedrückt: Es appelliert an den Organismus, gerade diejenigen Kräfte zu mobilisieren, die bei dem betreffenden Krankheitsbild gestört sind. Es wirkt nicht anstelle von körpereigenen Reaktionen, wie dies z. B. von der Chemotherapie angestrebt wird, sondern über den gesamten Organismus, d. h. dieser wird nicht ausgeschaltet, sondern *einbezogen* in den Heilungsprozeß.

Es gibt heute eine sehr große Zahl von Untersuchungen, in denen die Wirkung von nach dem homöopathischen Prinzip hochpotenzierten Substanzen nicht nur ärztlich, sondern auch durch Wachstumsversuche an Pflanzen und Tierversuche mit Einbeziehung der statistischen Methoden einwandfrei nachgewiesen wurde.

Hier sei besonders auf die Arbeiten von *Pelikan* [6, 7] hingewiesen, in welchen der Einfluß potenzierten Silber- und Bleinitrates auf das Wachstum von Weizenkeimlingen sowie die Wirkungsunterschiede zwischen potenzierten und verdünnten Lösungen untersucht wurden.

4. Heilmittel der anthroposophisch orientierten Medizin

Eine von diesen drei Wegen völlig unabhängige neue Konzeption der Heilmittelfindung wurde durch Rudolf Steiner begründet. Sie beruht auf dem umfassenden Menschenbild, wie es sich aus der Anthroposophie durch geisteswissenschaftliche Forschung ergibt.

Es gehört zu den Grunderkenntnissen der anthroposophischen Geisteswissenschaft, daß Mensch und Natur eine gemeinsame durchschaubare Entwicklung durchgemacht haben und daß somit eine *erkennbare Wesensverwandtschaft* zwischen dem Menschen und den Naturreichen besteht. Im Laufe der Evolution hat als Stufe der Menschwerdung der Vorfahre des Menschen die Naturreiche schrittweise aus sich herausgesetzt — eine Anschauung, die zum ältesten Menschheitsgut gehört, wie die Mythologien aller Völker zeigen, die sich auch bei Goethe, Oken, Carus u. a. findet. In moderner Weise wurde von R. Steiner die Erforschung dieser Zusammenhänge ermöglicht. Man kann das Wesen einer Pflanze, eines Tieres oder Minerals ebenso studieren wie das eines Menschen, indem man durch deren Äußerungen, Eigenschaften usw.

durchdringt bis zum Geistgehalt, der jedem materiellen Geschehen zugrunde liegt. Es gibt keine Materie und schon gar nicht belebte Substanz ohne eine zugrunde liegende Geistigkeit, die ihrerseits genau so differenziert ist wie die Materie.

„So kann man über das bloße Probieren und Experimentieren, ob irgend ein Stoff oder Präparat hilft, hinauskommen. Man durchschaut den menschlichen Organismus nach den Gleichgewichtsverhältnissen seiner Organe, man durchschaut die Natur nach den aufbauenden und den abbauenden Kräften, und man macht nun die Heilkunst zu etwas, was man durchschaut, wo man nicht nur ein Heilmittel deshalb anwendet, weil die Statistik festgestellt hat: in so und so viel Fällen wirkt es nützlich, sondern aus dem Durchschauen des Menschen und der Natur weiß man, wie man ganz exakt im einzelnen Fall den Naturvorgang in einem Naturprodukt zum Heilfaktor umgestalten kann, d. h. für das menschliche Organ in bezug auf aufbauende und abbauende Kräfte." (R. Steiner)[8]

Studiert man in dieser Weise die Natur, dann offenbaren sich Zusammenhänge zwischen bestimmten Pflanzen, Mineralien oder Metallen und menschlichen Organen und Prozessen: Man kann sich z. B. fragen, wie kommt es, daß aus einer Eizelle so verschiedene Organe werden? Der Differenzierung liegen verschiedene Impulse zugrunde, real wirkende, übersinnliche Kräfte, die man auch in der Natur erkennen kann. Sie wirken im Bereiche des Lebens und werden als ätherische Bildekräfte bezeichnet und sind mit den „geistartigen" Kräften Hahnemanns verwandt. Wirken diese Kräfte im Menschen, entsteht ein Organ, wirken sie in der Natur, entsteht eine Pflanze bzw. ein Metall oder Mineral. Manche dieser Zusammenhänge waren in ältesten Zeiten bis ins Mittelalter bekannt, z. B. der Zusammenhang zwischen dem Gold und dem Herzen, oder dem Eisen und der Galle, aber auch zwischen Pflanzen und Organen, wie Löwenzahn — Leber usw. Diese Art des Wissens ist verlorengegangen und kann nur auf neue Weise wieder gefunden werden. Die Zusammenhänge sind entwicklungsgeschichtlich zu verstehen, denn die Bildung der zusammengehörigen Organe, Pflanzen oder Substanzen erfolgte zu gleicher Zeit. Der Mensch hat sich durch seinen notwendigen Individualisierungsprozeß zwar von der Natur getrennt, aber er ist ihr doch in einem durchschaubaren Verhältnis verwandt geblieben. Er ist als Mikrokosmos ein Abbild des Makrokosmos.

Auf Grund der Erkenntnis der ätherischen Kräfte in der Natur und der durch sie bedingten Zusammengehörigkeit von Körpervorgängen und Naturvorgängen bzw. Organen und Substanzen kann man mit dem einen auf das andere wirken. Auf diese Weise ist es auch möglich, die Lebensvorgänge bzw. Heilungsprozesse im Organismus selbst anzuregen. Ein geschädigtes Organ kann durch die in der Natur wirkenden Kräfte, die z. B. in einer Pflanze leben, direkt angesprochen und seine Bildungsprozesse können angeregt werden. Es ist selbstverständlich, daß mit dieser Art der Beziehung von Natur und Mensch nur Natursubstanzen gemeint sind. Synthetische Substanzen, die sogar sehr intensive Wirkungen haben können, besitzen keine innere Beziehung, keine Wesensverwandtschaft zu einem Organismus, zum Menschen. Deshalb ist deren Wirkung vor allem bezüglich der Breite (Nebenwirkungen) und Tiefe (Spätwirkungen) in keiner Weise durchschaubar, sondern nur konstatierbar. Aus diesem Grunde lassen sich auch die Wirkungen solcher Substanzen nur durch den Tierversuch feststellen. Deren Ergebnisse sind aber nicht grundsätzlich auf den Menschen übertragbar, sondern höchstens bezüglich einzelner Symptome.

Die aus dem Zusammenhang von Natur und Mensch gefundenen Heilmittel regen Grundvorgänge des menschlichen Organismus oder einzelner Organe an. Sie sind nicht gegen ein bestimmtes Symptom gerichtet, also gegen Entzündung, Bakterien usw., sondern sprechen ein Organ oder den ganzen Organismus urbildhaft in seiner Funktion an. Diese Wirkung kann niemals aus dem isolierten Organ verstanden werden, sondern nur aus dem Gesamtorganismus.

Ebenso kann die Wirkung einer Pflanze nicht durch einen eventuell kompliziert gebauten „Wirkstoff" wirklich verstanden werden, sondern nur auf Grund eines Wesensbildes der betreffenden Pflanze, das sich freilich bis in die Substanz hinein ausdrückt.

Die Pflanze selbst ist eine Einheit, ein Organismus. Jede Zelle und jede Substanz ist durch diesen Organismus gebildet und dessen Ausdruck. Eine isolierte Substanz kann nicht mehr die Gesamtheit, das Wesen der Pflanze umfassen, wohl aber ein richtig hergestellter Auszug, z. B. eine „Essenz", die das Wesen noch enthält (siehe oben).

Das Heilmittel ist aber auch nicht durch einfache Addition zweier oder mehrerer verschiedenartiger Substanzen zu erreichen. Es ist weit mehr als die Summe von Wirkstoffen, es ist selbst ein Organismus, ein Kunstwerk, das der Pharmazeut zunächst so bewahren muß, wie es die Natur geschaffen hat, das er aber durch geeignete Maßnahmen auch vollenden darf. Bei dessen Herstellung muß von der organischen Einheit ausgegangen werden, nicht von den „Bestandteilen".

Neue Wege der Heilmittelzubereitung

Um die betreffenden Ausgangssubstanzen, Mineralien, Pflanzen, Organe oder tierische Gifte entsprechend aufzuschließen, ihre Kräfte nutzbar zu machen und den menschlichen Prozessen anzunähern, gibt es verschiedene pharmazeutische Verfahren, die zu den heute bekannten Handhabungen, wie Extraktionen, Auskochen usw., hinzukommen. Die nur auf das stoffliche Geschehen gerichteten Verfahren der „Anreicherung" oder Isolierung von „Wirkstoffen" können ergänzt werden durch Verfahren, die auf die Dynamik, das Kräftewirken in einer Pflanze, hinzielen.

Seit alters her werden verschiedene Wärmestufen benutzt, um die Heilkräfte einer Pflanze aufzuschließen. So ist z. B. ein kalter Auszug (Mazeration) günstiger bei Frischpflanzen, während getrocknete Wurzeln oder Rinden ein Auskochen erfordern. Es handelt sich jedoch dabei nicht nur um die „Inhaltsstoffe" der Pflanze und eine entsprechend hohe „Ausbeute", sondern durch die Art der Zubereitung gelingt auch eine Lenkung auf Organsysteme des Menschen. Dies ist insbesondere bei noch gesteigerten Wärmeprozessen möglich, nämlich dem Rösten, Verkohlen und Veraschen. Es handelt sich dabei eigentlich um alchemistische Prozesse, die nur aus dem Durchschauen dieser Grundlage verständlich werden. So ist eine Asche nicht etwa nur eine Zusammenfügung verschiedener Salze, sondern ein Stoffzusammenhang, der einen bestimmten Vorgang durchgemacht hat. Das Entsprechende im menschlichen Organismus ist der Atmungsprozeß. Dabei findet etwas Ähnliches wie die vollständige Verbrennung statt. Deshalb kann man mit Aschen-Präparaten auf entsprechende Vorgänge im menschlichen Organismus wirken, besonders auf das Atmungssystem und die Lunge. — So läßt sich durch die Auswahl der jeweiligen Wärmeverfahren eine Lenkung der betreffenden Pflanzenpräparate auf Organfunktionen erzielen.

Ein pharmazeutisches Verfahren, das auf R. Steiner zurückgeht, ist das Aufschließenlassen eines Minerals oder Metalles durch die Pflanze. Diese wird mit dem betreffenden Metallsalz gedüngt und später verkompostiert. Der Vorgang wird wiederholt. Dadurch können die Metalle nicht nur aktiviert, d. h. den Lebensvorgängen angenähert werden, sondern sie werden durch die Pflanze als „vegetabilisiertes Metall" an den Ort oder das Organ gelenkt, zu dem die Pflanze eine Beziehung hat. Präparate dieser Art sind z. B. Ferrum per Urticam*, Stannum per Cichorium*, usw. Die Auswahl der Pflanzen richtet sich auch danach, inwieweit sie eine innere Beziehung zu dem Metall haben, das aufgeschlossen werden soll.

Die Brennessel ist bekannt als Eisenpflanze. Sie enthält relativ viel Eisen. Darauf kommt es jedoch nicht an. Viel wichtiger ist die Funktion, die eine Substanz in einer Pflanze zu erfüllen hat. Es könnte sich ja durchaus auch um abgelagerte, d. h. ausgeschiedene Substanzen bei einer Pflanze handeln, die für den Stoffwechsel und auch für die therapeutische Bedeutung ohne Wert sind. Dieses zu durchschauen ist möglich durch ein Wesens-Studium der betreffenden Pflanze. Die Brennessel vermag tatsächlich besonders geschickt mit dem Eisen umzugehen. Sie nimmt es nicht nur auf, sondern bringt es in einen Zustand, der ihren eigenen Impulsen entspricht; sie ist durch und durch vom Wesen des Eisens geprägt, daher auch ihr brennender, aggressiver Charakter, der den kriegerischen Mars-Eisen-Impuls ausdrückt (siehe unter Abschnitt *Metall-Therapie*, S 36).

Eisen hat außerordentlich vielfältige Funktionen im menschlichen Organismus; eine davon ist die aufbauende Seite. Will man diese anregen, so kann man es mit dem Präparat Ferrum per Urticam* tun. Man weiß heute, daß die verschiedenen Eisensalze sehr verschieden wirken können. Je aktiver und aufgeschlossener ein Eisen ist, desto leichter ist es dem Organismus, dieses aufzunehmen. Nun handelt es sich aber nicht nur um das Eisen als Substanz, sondern vor allem um die Fähigkeit des Organismus, mit dem Eisen umgehen zu können. Dieses kann in besonders guter Weise die Brennessel. Behandelt

---

* **Anmerkung:** Für die genannten Präparate gelten ab 1. Januar 1978 innerhalb Deutschlands neue Bezeichnungen wie folgt:

alte Bezeichnung	neue Bezeichnung
Ferrum per Urticam	— Urtica Ferro culta
Stannum per Cichorium	— Cichorium Stanno cultum

man sie während des Wachstums in entsprechender Weise mit Eisen, so regt man gerade diese Fähigkeit des Umgangs mit Eisen an. Diese Fähigkeit ist es, die man mit der betreffenden Pflanze dann im Menschen beeinflussen kann. Es kommt also dabei nicht auf die materielle Zufuhr von Eisen an, sondern auf die Anregung, die Dynamik, die Dynamik im Umgang mit der Substanz.

Aber auch der Gallenbildungsimpuls hängt stark mit dem Eisen zusammen. Wie kann man aber dem Eisen „sagen", daß es nicht in den Aufbau, sondern in die Galle gehen soll? Ein Weg dazu ist die Heilpflanze, die ihrerseits eine Beziehung zur Galle hat, wie z. B. Chelidonium, das Schöllkraut. Behandelt man dieses in entsprechender Weise mit Eisen, so kann man die Eisenkraft auf den Gallenbildungsvorgang lenken. Das entsprechende Präparat ist Ferrum per Chelidonium*.

Die Bildung der Leber hängt in besonderer Weise mit den Kräften des Zinns zusammen. Diese können aber in sehr verschiedener Weise wirksam sein. Wiederum kann man sie durch eine Heilpflanze lenken. So wirkt der Löwenzahn außerordentlich stark auf die aufbauenden Prozesse in der Leber. Diese kann man noch verstärken, wenn man die Pflanze mit Zinn in entsprechender Weise behandelt. Man erhält so das Präparat Stannum per Taraxacum*.

Einen „späteren" Abschnitt der Lebertätigkeit erreicht man mit der Wegwarte, die z. B. im Gegensatz zum Löwenzahn im Spätsommer und Herbst ihren Höhepunkt hat und nicht gelb, sondern blau blüht. Solche „Signaturen" sind sehr bedeutsam. Es ist allerdings ein Schulungsproblem, sie richtig lesen zu können. Primitive Analogie-Schlüsse, z. B. daß herzförmige Blätter gut für das Herz, nierenförmige für die Niere sind usw., zeugen nur von einem völligen Unverständnis der Sache gegenüber. Es handelt sich vielmehr darum, *durch* diese Phänomene zu einem Wesensbild der Pflanze zu kommen und dessen Entsprechung im menschlichen Organismus zu finden. So kann man mit einem entsprechend hergestellten Präparat — Stannum per Cichorium* — nicht so sehr die aufbauende

---

* **Anmerkung:** Für die genannten Präparate gelten ab 1. Januar 1978 innerhalb Deutschlands neue Bezeichnungen wie folgt:

alte Bezeichnung	neue Bezeichnung
Ferrum per Chelidonium —	Chelidonium Ferro cultum
Stannum per Taraxacum —	Taraxacum Stanno cultum
Stannum per Cichorium —	Cichorium Stanno cultum

als vielmehr die ausscheidende, weiterführende Seite der Lebertätigkeit anregen.

Vielfach, aber durchaus nicht immer, wird in der anthroposophisch
orientierten Medizin auch der Vorgang der Potenzierung benutzt,
der auf Hahnemann zurückgeht (siehe oben). Wenn dieser heute
in der üblichen Pharmazie keine Anwendung findet, so deshalb,
weil man im chemischen Sinne denkt und damit ein Verständnis für
die andersartige Wirkungsweise nicht gegeben ist.

Wenn die heutige Medizin Medikamente ablehnt, die nach diesen
Verfahren hergestellt sind, also höhere Potenzen, die evtl. kein
Molekül der Ausgangssubstanz mehr enthalten, dann geschieht
dies aus einem Vorurteil heraus, nämlich dem, daß etwas anderes
als eine materielle Substanz nicht wirken könne. Der heutige Sub-
stanzbegriff reicht eben nicht aus, um den Vorgang der Potenzierung zu verstehen, da der Zusammenhang von Geist und Materie
nicht konkret gesehen wird. Mit Recht fordert allerdings der moderne Mensch, daß er versteht, was er tut, doch sollte die Hand-
lungsweise nicht von der individuell verschieden eingeschränkten
Möglichkeit eines Verständnisses begrenzt werden. Vielmehr ist es
die Aufgabe des modernen Menschen, insbesondere des Forschers,
sich an der Wirklichkeit entsprechende Vorstellungen zu bilden.

Bereits mit relativ geringer Erfahrung ist es möglich, sich von der
zum Teil frappanten Wirkung von Hochpotenzen zu überzeugen.
Wirkungen dieser Art, die zumeist sehr anhaltend sind, d. h. Heilungen darstellen, lassen sich mit keinem anders gearteten Medikament oder Verfahren sonst erreichen. Es ist eine Tragik der heutigen Medizin, daß auf diese Heilmittel bewußt und vollständig
verzichtet wird — zum Schaden der Patienten.

Allerdings ist es unbedingt nötig, daß diese Heilmittel in der richtigen Indikation eingesetzt werden, sonst sind sie wirkungslos, was
im Grunde genommen für alle Medikamente gilt. Die Wirkung ist
um so deutlicher und auch rascher, je genauer die Entsprechung
ist. Dann ist der Organismus geradezu auf dieses Medikament ab-
gestimmt oder spezifisch empfindlich. Hier liegt zugleich aber auch
die Schwierigkeit der richtigen Anwendung, die eben so erfolgen
muß, wie sie dem homöopathischen Arzneimittelbild entspricht
oder dem Wesensbild, wie es sich aus dem geisteswissenschaftlichen Studium ergibt. Wenn man allerdings ein Medikament, das

eine ganz typische Beziehung zum weiblichen Organismus, besonders im Klimakterium, hat, vor allem bei jungen Männern „prüft",
wie es geschehen ist[9], dann kann man leicht „beweisen", daß es
unwirksam ist. Diese unsachliche „Prüfung" eines homöopathischen
Medikamentes ist ein Beispiel für die Befangenheit, mit der man
an die Probleme herangeht und glaubt, alles von dem eigenen
Standpunkt beurteilen zu können, — ein grotesker Fehlgriff eines
im eigenen Fachgebiet qualifizierten Forschers.

Bei der anthroposophisch orientierten Medizin handelt es sich um
eine *Erweiterung der Heilkunst,* die alles Vorhandene einschließt
und aus der Einsicht der Beziehung zum Menschen entsprechend
anwendet — oder auch deshalb bewußt auf manches verzichtet.
Indikationen und Anwendung dieser Heilmittel erfolgen aber nicht,
wie in der Homöopathie, auf Grund der Ähnlichkeit des Arznei-
mittelbildes, sondern auf Grund des Wesensbildes, das sich aus
dem Studium der Substanz bzw. der Pflanze und des Krankheits-
prozesses ergibt.

Mistel und Krebs

Aus solch einem Einblick in den Zusammenhang zwischen einer
Pflanze und einem Krankheitsprozeß stammt der Hinweis R. Stei-
ners, daß die Mistel das Heilmittel bei der Krebskrankheit sei, wo-
bei er bestimmte Präparationen und Anwendungsweisen vorschlug.
In der Zwischenzeit wurde von Ärzten an der Entwicklung eines
Krebsheilmittels auf dieser Basis weitergearbeitet. Das bekannteste
Präparat dieser Art ist Iscador®. Hierüber liegen inzwischen um-
fangreiche experimentelle und klinische Erfahrungen vor.[10]

Da diese Behandlung sich weitgehend durchgesetzt hat, soll im
folgenden kurz das Prinzip der Behandlung geschildert werden,
aus der sich ein Verständnis der Wirkungsart ergeben kann.

Es mag vermessen erscheinen, zu erwarten, daß eine so harmlose
Pflanze wie die Mistel etwas leisten kann in der Behandlung eines
so schweren Leidens wie der Krebskrankheit. Worin besteht „der
Krebs"? Es handelt sich dabei bekanntlich um eine örtliche Zell-
wucherung. Zu einem Zeitpunkt, den man nicht kennt, teilt sich eine
Zelle nicht wieder in zwei „normale" Zellen, sondern es entsteht
eine Zellart, die „wild" wächst. Dieses Wachstum geht nicht nur

schneller, sondern diese neuen Zellen wachsen ohne Rücksicht auf die Grenzen des Organs oder des Organismus. Wenn nicht eingegriffen wird, dann wächst die Krebsgeschwulst immer weiter auf Kosten des Organismus, der immer schwächer wird und von der Krebsgeschwulst und den Tochtergeschwülsten immer mehr durchsetzt und vergiftet wird und schließlich daran zugrunde geht. Es ist naheliegend, daß man versucht, die Krebsgeschwulst entweder herauszuschneiden oder das Leben dieser Zellen durch Strahlen bzw. durch Chemotherapie, die sogenannten Zytostatika, abzutöten. Alle diese Eingriffe sind notwendig und berechtigt, aber sie sind schwerwiegend. Deshalb muß immer der Nutzen gegenüber dem unvermeidlichen Schaden dabei abgewogen werden. Sowohl die Strahlen als auch die Substanzen, die man üblicherweise benutzt, wirken zerstörend — und das müssen sie ja schließlich auch. Nun soll eine Pflanze, die dazu nicht einmal besonders giftig ist, genau so stark oder sogar stärker wirken? Das vermögen vor allem Fachleute nicht einzusehen.

Tatsächlich ist ja auch die Wirkungsweise der Mistel völlig anders als die der geschilderten üblichen Maßnahmen. Um das zu verstehen, muß man sich zunächst mit den Eigenarten dieser Pflanze vertraut machen.

Sie zeigt Eigentümlichkeiten, aus denen ihre Wirkung verständlich werden kann: Die Mistel ist ein Halb-Parasit, das heißt, sie bildet zwar den grünen Blattfarbstoff, kann aber trotzdem nicht wie andere Pflanzen auf der Erde leben. Sie ist auf einen Wirt angewiesen, den Baum. Häufig findet man als Wirt Pappeln, Apfelbäume und Kiefern; dagegen gedeihen Misteln nicht auf Buchen und Kirschen, obwohl doch Apfel und Kirsche sehr verwandt sind.

Ganz charakteristisch ist folgendes Verhalten: Jede höhere Pflanze richtet sich mit ihren Wurzeln nach dem Erdmittelpunkt und mit dem Sproß nach der Sonne. Bei der Mistel aber zeigen die Stengel und Blätter keinerlei Wachstumsrichtung zur Sonne. Sie bildet einen runden Busch, der sich ohne Rücksicht auf die Verhältnisse von Erde und Sonne ausbreitet. Bei den Mistelblättern ist die Oberseite gleich der Unterseite, was sonst bei höheren Pflanzen nicht zutrifft. Der Mistelbusch ist bekanntlich immergrün; er wirft also die Blätter im Winter nicht ab, das heißt, er macht den Jahresrhythmus nicht mit. Aus diesen und vielen anderen Eigenschaften kann man ablesen, daß die Mistel keine Beziehung zu Raum und Zeit und auch nicht zur Erde hat.

Dafür zeigt sie eine ausgesprochene Beziehung zum Licht. Die weitaus meisten Pflanzen müssen in der Dunkelheit keimen; manche Pflanzen können trotz Anwesenheit von Licht keimen, die Mistel aber braucht zum Keimen Licht. Wenn sonst Blätter unter Abschluß von Licht vergilben, so ist dies bei der Mistel nicht der Fall. Ja, der grüne Blattfarbstoff, der nur am Licht gebildet wird, findet sich bei der Mistel bis in den Senker (so bezeichnet man die „Wurzeln" der Mistel, die sich im Holz des Wirtsbaumes befinden, wo es ja finster ist).

Die Mistel hat aber auch eine starke Beziehung zum Wasser. Sie wächst besonders gut auf Bäumen, die auf Wasseradern oder an Flußläufen stehen. Die Mistelblätter verdunsten sechsmal soviel Wasser wie die Blätter des Wirtes.

Wenn man die Mistel intensiver studiert, so läßt sich das Bild ihres Wesens noch deutlicher abrunden. Aus den wenigen hier erwähnten charakteristischen Eigentümlichkeiten kann man aber schon folgendes erkennen: Die Mistel hat keinerlei Beziehung zur Erde und meidet alles, was mit typisch irdischen Kräften zusammenhängt. Dazu besitzt sie eine ausgesprochene Beziehung zum Wäßrigen. Das heißt aber nicht, daß sie dieses aufnimmt und wäßrig wie eine Tomate wird, sondern sie besitzt die Fähigkeit der Durchgestaltung des Wassers und damit des Lebens. Diese Fähigkeit hängt mit ihrer Verbindung zum Licht zusammen. Licht ist aber gerade das Element, das stark in der Gestaltung tätig ist. Man denke nur an die überstark geformten Pflanzen im Hochgebirge im Gegensatz zu dem ungeformten, wuchernden Pflanzenwachstum bei Lichtmangel.

Was hat aber dies alles mit dem Krebs zu tun? Das gesunde Wachstum muß ständig gelenkt und geformt, das heißt, in Grenzen gehalten werden. Die Krebsgeschwulst ist zwar lebendig (eigentlich zu lebendig), zeigt aber durch ihr Wachstum, daß sie nicht genügend organisiert und geformt ist. Der Krebs ist somit ein lebendiger Fremdkörper. Sein Wachstum ist verändert, und sein Leben geschieht auf Kosten des Organismus. Dessen Gestaltungskräfte sind zu schwach, um das Wachstum zu beherrschen und in Schranken zu halten. Diese Gestaltungskräfte kommen aber nicht aus der Zelle, sondern vom Gesamtorganismus. Solange man immer nur in der Zelle sucht, kann man sie natürlich nicht finden.

Erst in den letzten Jahren ist in diesem Zusammenhang die Bedeutung des Organismus, seine Abwehrfähigkeit, die Erkennungsfähigkeit von fremdem Leben usw. genauer studiert worden. Das Fachgebiet der Immunologie beschäftigt sich jetzt zunehmend mit dem Krebs. So weiß man heute, daß der Organismus des Krebskranken blind ist für dieses fremde Leben, und er besitzt dagegen nicht genügend Abwehrkräfte.

Damit ergibt sich ein neuer Weg der Behandlungsmöglichkeit beim Krebs: die Stärkung der Abwehr. Dies ist heute ein weltweites Forschungsprogramm, dessen erste Ergebnisse zum Teil schon praktiziert werden, während noch vor wenigen Jahren „Stahl und Strahl" als die einzigen Waffen gegen den Krebs galten.

In der Mistel findet man nun zwei verschiedene Wirkungsprinzipien vereinigt: Durch neuere Untersuchungen fand man Substanzen mit einer außerordentlich hohen zytostatischen Wirksamkeit, also Substanzen, die in der Zellkultur Krebszellen weit intensiver abtöten oder an der Vermehrung hindern können, als es die üblichen chemischen Substanzen tun, die man heute verwendet. Diese letzteren haben den bekannten Nachteil, daß sie die Abwehrkraft des Organismus lähmen. Die Besonderheit der Mistelsubstanzen aber ist, daß sie trotz ihrer ausgeprägten hohen Wirksamkeit gegen Krebszellen anregend auf das gesamte Abwehrsystem des Organismus wirken, wofür experimentelle Unterlagen vorhanden sind.[10]

Das Einmalige der Mistel ist also, daß sie nicht nur eine hohe Wirksamkeit auf die Krebszellen hat, sondern den ganzen Organismus zur Abwehr anregt, das heißt, die Krebskrankheit angeht. Im allgemeinen sagt man, daß diese beiden Wirkungsprinzipien sich ausschließen. Tatsächlich ist auch bis jetzt außer der Mistel keine andere Substanz gefunden, die diese beiden Wirkungsprinzipien vereinigt; sie wirkt sowohl zytostatisch, d. h. hemmend auf die Krebszellen, wie auch immunstimulierend, also anregend auf den gesamten Organismus, sich gegen dieses „falsche" Leben zu wehren. Diese Einmaligkeit sollte eigentlich Krebsforscher der ganzen Welt aufhorchen lassen, da sich hier ein Weg eröffnet, der ohne die bekannten schwerwiegenden Nachteile der reinen Zerstörung gangbar ist.

Inzwischen hat sich vielfältig bestätigt, daß diese Anregung des Organismus mit der Mistel im Sinne einer Stärkung der Abwehr gegen fremdes Leben tatsächlich möglich ist. Es liegen viele klinische Arbeiten vor, aus denen hervorgeht, daß es sich bei der Misteltherapie um eine Behandlungsweise handelt, die frei ist von den bekannten Schädigungen der üblichen Zytostatika. Die Anwendung führt in einem hohen Prozentsatz zu einer echten Lebensverlängerung, häufig zu einer Verlangsamung des Tumorwachstums oder dessen Stillstand, zum Teil sogar zu totalen Rückbildungen der Geschwülste.[10]

Insbesondere ist es möglich, durch eine vorbeugende Anwendung der Entstehung von Geschwülsten oder nach Operationen dem Auftreten von Tochtergeschwülsten vorzubeugen. Die Forschungen auf diesem Gebiet sind keineswegs abgeschlossen, und die Möglichkeiten, die in der Mistel vorliegen, noch nicht voll erschlossen.

Da die Krebserkrankung den ganzen Menschen betrifft, ist selbst mit dem besten und wirksamsten Medikament allein die Krankheit nicht anzugehen. Dies gilt praktisch für alle chronischen und tiefgreifenden Krankheiten. Zu einer tiefgreifenden und umstimmenden Behandlung gehört z. B. auch die Berücksichtigung der Ernährung, der Lebensführung, ausgleichender Betätigung, insbesondere künstlerische Therapie usw.

Ein grundlegender Faktor für die harmonische, d. h. gesunde Entwicklung der Gesamtpersönlichkeit des Menschen ist die Kunst. Sie ist „nicht etwas wie eine Luxusbeigabe zum Leben, sondern eine notwendige Bedingung jedes menschenwürdigen Daseins; etwas, was den Menschen erst zum ganzen Menschen macht und die menschliche Zivilisation erst zu ihrem vollen Sinn bringt. — Agnostizismus nimmt dem Menschen jene Wahrheit, die in der Kunst leben will und leben muß." (R. Steiner)

R. Steiner gab entscheidende Impulse, die Kunst therapeutisch fruchtbar zu machen. So entstand ein neuer Berufszweig, die künstlerische Therapie, die sich auf Malen, Zeichnen, Plastizieren, Musik, Sprachgestaltung und Eurythmie erstreckt. Aus der Eurythmie, einer von R. Steiner geschaffenen neuen Bewegungskunst, entstand die Heileurythmie, die in umfassender Weise zur Anregung der Heilung angewandt werden kann. Die Bildung der menschlichen Gestalt bis in die Substanz hinein geschieht aus der Funktion. Der Menschenbildung liegt die schöpferische Gestaltungskraft zugrunde, die auch die Laute gebildet hat. Die heileurythmischen Bewegungsformen ermöglichen Rückwirkungen auf die Lebensvorgänge von Organen und Funktionen.

Typische Heilmittel

Eine völlig neue Wirkungsart liegt den Heilmitteln für typische Krankheiten zugrunde, wie z. B. Cardiodoron, Hepatodoron®, Kephalodoron® u. a., die auf R. Steiner zurückgehen. Diese mögen äußerlich wie Mischungen aussehen, sie sind es aber nicht. Bei ihnen werden entsprechende Pflanzen oder auch Mineralien, die in einem durchschaubaren Zusammenhang miteinander stehen, durch ein pharmazeutisches Verfahren zu einer Einheit verbunden. Sie sind also keine Kombinationen oder Mischungen, die beliebig ergänzt werden können. Zugrunde liegt ihnen eine Konzeption, die nicht von speziellen Krankheiten, sondern von Grundprozessen des Menschen oder einzelner Organe ausgeht. Sie sind deshalb nicht nur gegen eine einzelne, eng umrissene Krankheit gerichtet, sondern sprechen Krankheitsgruppen an, die typisch für ein Organ sind; sie unterstützen das Organ urbildhaft in seinen Funktionen. In ihnen wird eine gewisse Gegensätzlichkeit von Pflanzen oder Mineralien durch einen pharmazeutischen Vorgang ins Gleichgewicht gebracht und zu einer höheren Einheit verbunden.

An einigen Beispielen soll gezeigt werden, was gemeint ist: Die Dreigliederung des menschlichen Organismus in einen Nerven-Sinnes-Pol und einen Stoffwechsel-Gliedmaßen-Pol, zwischen denen das rhythmische System vermittelt, ist ein wesentliches Ergebnis der geisteswissenschaftlichen Forschung Rudolf Steiners. Es handelt sich dabei um eine dynamische Betrachtungsweise, die ein Fundament zum Verständnis von Gesundheit und Krankheit bilden kann. Wenn diese Dynamik im Organismus gestört ist, wenn z. B. Stoffwechselvorgänge so überwiegen, daß sie das Nerven-Sinnes-System überwältigen, dann kann die Grundlage für die Entstehung vor allem der Migräne, gegeben sein. Im Sinne der durch Anthroposophie erweiterten Naturbetrachtung kann man eine innere Verwandtschaft finden zwischen dem Quarz (natürliche Kieselsäure) und dem Nerven-Sinnes-System einerseits und dem Schwefel und Stoffwechsel-System andererseits. Zwischen diesen beiden Systemen steht vermittelnd das rhythmische System, als dessen Reprä-

sentant man das Eisen erkennen kann, was sich auch am Eisenge-
halt des Blutes und dem ganzen Eisenstoffwechsel ablesen läßt.
Durch geeignete pharmazeutische Zubereitung kann aus diesen
drei Natursubstanzen ein Heilmittel entstehen: das Kephalodoron®
bzw. Biodoron®, das genau diese Prozesse trifft. In keiner Weise ist
es ein Schmerzmittel oder wirkt auf die gestörten Gefäßregula-
tionen selbst, sondern auf die Dynamik, die erst zu den krankhaften
Erscheinungen führt. Es setzt also nicht an irgendeinem Erfolgs-
organ an, sondern dort, wo der Krankheitsprozeß wirklich beginnt.

Die Leber ist das Hauptorgan der Lebensvorgänge, des Äther-
leibes; in ihr spielen sich fast alle Lebensprozesse ab, ob in Ei-
weiß-, Fett- oder Kohlenhydratstoffwechsel. Der Zusammenhang
von Leben und Leber ist in vielen Sprachen gegeben. Damit aber
ist die Leber zugleich das Organ, das am meisten Pflanzliches in
seiner Natur trägt. Bis in viele Einzelheiten des Stoffwechsels kann
man diese Beziehung wiederfinden. Bei der Pflanze kann man vor
allem in den Blättern ihre typische Wachstumsart wiederfinden. Nun
gibt es aber eine Pflanze, die besonders gut mit dem Zucker umgehen kann, der bekanntlich beim Leberstoffwechsel eine hervor-
ragende Rolle spielt: der Weinstock. Man verwendet deshalb die
Blätter des Weinstocks und verbindet sie durch eine entsprechende
Zubereitung mit anderen Blättern, die diese Funktion weitergeben;
das sind die Erdbeerblätter. Die Walderdbeere zeigt in ihren Früch-
ten eine ganz andere Seite als der Wein. Die Richtung geht eher
auf das Eiweiß und dessen Bildungsimpuls. Diese Verbindung von
Erdbeer- und Weinblättern liegt im Hepatodoron® vor. Dieses Mittel läßt somit das Urbild der Leberfunktion wieder wirksam werden.

Daß man das Herz nicht allein betrachten darf, um zu seinem Verständnis zu kommen, sondern Herz und Kreislauf zusammen eine
Einheit bilden, ist bekannt. Dennoch wird aus naheliegenden und
praktischen Gründen sehr wohl unterschieden zwischen Medikamenten, die auf das Herz, und solchen, die auf den Kreislauf wirken — wobei innerhalb dieser Mittel wieder zum Teil beträchtliche
Unterschiede bestehen. Man kann jedoch das übergeordnete Prinzip erfassen, das Herz und Kreislauf zusammenfaßt. Wenn beide
in ihrem Zusammenspiel harmonisiert werden, dann tritt eine opti-
male Funktion ein: Der Kreislauf wird nicht überlastet, und das Herz
kann sich in bestmöglicher Weise den Gegebenheiten anpassen.

Einem Verständnis dieser Möglichkeiten und Vorgänge ist hinderlich, daß man heute das Herz als Motor und Pumpe für die Blutbewegung ansieht und die Eigentätigkeit des Kreislaufs noch kaum gewürdigt wird. Geht man aber von einer erweiterten Herz- und Kreislauferkenntnis aus, dann kann man verstehen, daß in der Primel und in der Eselsdistel zwei in sich gegensätzliche Pflanzen vorliegen, deren Beziehung zur Kreislauf- und Herztätigkeit durch eine erweiterte Erkenntnis anschaubar werden kann. Sie werden durch eine dritte Pflanze, das Bilsenkraut, zusammengefaßt zu einer Einheit. Das daraus entstehende Medikament Cardiodoron ist weder zur Behandlung einer bestimmten Herzkrankheit geschaffen, noch ein „Kreislaufmittel", sondern umfaßt die Gesamtheit der Herz-Kreislauf-Funktionen. Man kann es als Heilmittel ansprechen, weil es die krankhafte Funktion wieder normalisiert.

Entsprechend existieren für viele Organe oder Funktionen Heilmittel, denen dieselbe Konzeption zugrunde liegt: Das „neue" Prinzip dieser Heilmittel ist darin zu sehen, daß sie nicht *gegen* eine einzelne Krankheit oder ein Symptom gerichtet, sondern *für* ein Organ oder eine Funktion gedacht sind. Keine Abwehr, kein Abnehmen, kein Blockieren wird angestrebt, sondern das positive Hinstellen, Appellieren an die ureigenste Funktion und Bildung, die den betreffenden Organen zugrunde liegt. Deshalb ist mit diesen „typischen" Heilmitteln ein Weg gewiesen, der neue Möglichkeiten für Behandlung und Vorbeugung eröffnet und wirklich die Gesundungskräfte im Organismus anspricht.

Rudolf Steiner wies auf eine zukünftige Aufgabe hin, nämlich man solle „arbeiten im Einklang mit der werdenden Natur, nicht mit der gewordenen Natur". Dies ist für das heutige Denken schwer zu verstehen, da man gewöhnt ist, nur mit Substanzen zu rechnen, nicht mit Prozessen, vor allem nicht denen der lebendigen Welt, die man auch auf physikalische und chemische Reaktionen zurückführen möchte.

Jede Substanz, jeder Wirkstoff, den man aus einer Pflanze isoliert, ist ein Gewordenes, ein Fertiges, das nun nicht mehr den Gesetzen der lebenden Pflanze untersteht, aber das Ergebnis ihrer Wirkung ist. Das Handhaben dieser Substanzen ist selbstverständlich nötig und berechtigt. Der neue weiterführende Weg versucht, die *Kräfte* zu erkennen, die in der Pflanze wirksam sind und zur Bildung der

Substanz führen. Er benutzt aber nicht die fertige Substanz, sondern die wirkenden Kräfte. Um diese zu erkennen in ihrem Wirken, ist es nötig, daß „der Arzt durch der Natur Examen geht", wie es Paracelsus forderte. Durch Schüler R. Steiners wurden Anfänge dieser zukünftigen Möglichkeiten bereits realisiert wie etwa die Herstellung der „Medikamente nach dem Modell von Heilpflanzen". So sind z. B. Präparate wie Solutio Ferri comp.* eine Nachahmung der Pflanzenprozesse, die in der Brennessel (Urtica dioeca) wirken. Genauso entspricht Solutio Siliceae comp.* dem Ackerschachtelhalm (Equisetum arvense) usw.

Ein weiterer Hinweis R. Steiners, der bis zu einem gewissen Grade inzwischen praktiziert wird, ist das Einbeziehen kosmischer Kräfte bei der Heilmittelherstellung. Durch das Studium der Kräfte, die der Pflanzenbildung zugrunde liegen, ist es möglich, diese in besonderer Weise, d. h. durch rhythmische Behandlung der Säfte, weiter wirken zu lassen. Es wurden besondere Verfahren ausgearbeitet, um mit Hilfe von rhythmischen Prozessen die kosmischen Bildekräfte in die Preßsäfte einwirken zu lassen, so daß ihre therapeutischen Eigenschaften gesteigert werden (Rh-Präparate*).

Metall-Therapie

Ein Kernstück der geisteswissenschaftlichen Heilkunst ist die therapeutische Verwendung von sieben *Metallen,* nämlich Blei, Zinn, Eisen, Gold, Kupfer, Quecksilber und Silber. Ihre Anwendung erfolgt aus der Einsicht in die Verwandtschaft zu entsprechenden Organen und Prozessen im menschlichen Organismus. Diese ergibt sich aus der kosmischen, genauer: planetarischen Herkunft von Metall und Organ bzw. Prozeß. Anklänge aus einem früheren tiefen Wissen um diese Zusammenhänge findet man noch in Namen wie Merkur, der identisch ist für einen Planeten, aber auch für ein diesem zugeordnetes Metall. Auch der Name „Saturnismus" für Bleivergiftung oder Aqua Saturni für Bleiwasser legt Zeugnis dafür ab, daß in früheren Zeiten empfunden wurde, wie Gestirneinwirkungen mit bestimmten Metallen und diese wiederum mit entsprechenden Wirkungen im menschlichen Organismus geradezu identisch sind. — R. Steiner hat diese Zusammenhänge von Planet,

---

* Hersteller: Weleda AG, Schwäbisch Gmünd

Metall und Organ bzw. konkreten Prozessen im Menschen in einer dem heutigen Bewußtsein angemessenen Form aus seiner geisteswissenschaftlichen Forschung neu dargestellt. Danach ergeben sich folgende Zuordnungen:

Planet	Metall	Mensch
Saturn	Blei	Milz
Jupiter	Zinn	Leber
Mars	Eisen	Galle
Sonne	Gold	Herz
Venus	Kupfer	Niere
Merkur	Quecksilber	Lunge
Mond	Silber	Gehirn

Diese Beziehungen sind inzwischen auch durch umfangreiche Arbeiten experimentell anschaubar gemacht worden.[11] Auf der Grundlage dieser Zuordnung der Metalle erfolgt ihre therapeutische Anwendung. Es muß jedoch darauf hingewiesen werden, daß außer der Verbindung zu den Organen eine Beziehung der Metalle zu bestimmten Funktionen oder Prozessen besteht, die den gesamten Menschen umfassen.[12]

Es mag zunächst unverständlich sein, daß Substanzen wie Blei oder Silber eine große Rolle im menschlichen Organismus spielen sollen, da man sie doch überhaupt nicht in nennenswerten Mengen finden kann. Nur Eisen und Kupfer spielen substantiell beim Menschen eine Rolle. Entscheidend ist aber vielmehr die spezifische Dynamik, das was in der Substanz an Kraftwirksamkeit lebt. Es läßt sich z. B. beim Eisen leicht zeigen, daß mit der Substanz und ihrer Eigenart der jeweiligen Wirkung sowohl körperliche wie seelisch-geistige Prozesse untrennbar verbunden sind. Manche Metalle bzw. Elemente bleiben rein im Dynamischen als Kraftwirksamkeit tätig, andere wie Eisen und Kupfer kommen bis zur Substanz. Hier liegen fließende Übergänge vor. Für die Anwendung dieser Metalle in der Therapie wird es deshalb nur selten nötig sein, grobstoffliche Dosen einzusetzen. In den meisten Fällen wird man die betreffenden Metalle bis zu einer dynamischen Wirkung aufschließen, wie dies durch den homöopathischen Potenzierungsprozeß möglich ist oder das Aufschließen des Metalles durch die Pflanze (vegetabilisierte Metalle). Erst dann erreicht man die prozessuale Wirkung, auf die es ankommt.

Betrachtet man unvoreingenommen einen Menschen (bis zu einem gewissen Grade gilt diese Darstellung auch für das Tier), so kann man feststellen, daß es Vorgänge gibt, durch die neue lebendige Substanz entsteht, wie dies vor allem in der Wachstumsphase der Fall ist. Zu gleicher Zeit aber existiert auch ein gegenteiliger Vorgang: Ständig fallen Substanzen aus dem Lebenszusammenhang heraus und werden mineralisch-tot, wie man es z. B. bei der Knochen- oder Zahnbildung sehen kann. Der zuerst genannte Prozeß führt in das Leben, er schafft lebendige Substanz. Der gegenteilige Prozeß führt aus dem Leben in das Tote, er schafft mineralische Substanz. Diese zwei entgegengesetzten, echt polaren Vorgänge, finden dauernd beim Menschen statt. Selbstverständlich herrscht der erstere in der Jugend vor, der andere überwiegt im Alter und führt schließlich zum Tod.

Diese beiden Prozesse sind Ausdruck der in sich entgegengesetzten Silber- und Bleiwirksamkeit.

So wie der Mond von der Erde aus gesehen der nächste der Planeten ist, so erfaßt das *Silber* als Mondenmetall in seiner Dynamik die nächsten, über die irdischen Gesetzmäßigkeiten hinausgehenden Prozesse. Dies sind die Lebensvorgänge, die ja prinzipiell kosmischer Herkunft sind. Daß sie überhaupt ein Wirkungsfeld haben, hängt mit dem Wesen des Silbers zusammen. Deshalb unterstehen dem Silber die Vorgänge der Belebung und Regeneration, im weiteren Sinne die Aufbauprozesse. Das bezieht sich nicht nur auf die Funktion der eigentlichen Generationsorgane, deren Mondbeziehung durch den Menstruationszyklus noch deutlich erkennbar ist, sondern auch ganz allgemein auf die Neubildung von Gewebe.

Leben kann sich aber nur im Bereich des Wäßrigen entwickeln, nie im Festen und Kristallinen. Daher ist der Angriffsort der Silberwirkung auch nahezu identisch mit der Fähigkeit des Organismus, die wäßrigen Vorgänge richtig zu beherrschen. Im übrigen sind die außermenschlichen Beziehungen des Mondes zum Wasserhaushalt der Erde ja weitgehend bekannt (z. B. Gezeiten-Wirkung).

Als organische Bildung untersteht dem Silber bzw. dem Mond das Gehirn. Es ist in seiner Bildung am frühesten abgeschlossen und somit eigentlich das älteste Organ. Gerade dadurch, daß sich aus ihm die Bildekräfte relativ zeitig und vollständig zurückgezogen haben, ist es fast ganz erstorben und übt eine Spiegelungsfunktion aus, die ebenfalls typisch für den Silberprozeß ist. Dadurch kann Wahrnehmung entstehen. Diese polaren, d. h. gegensätzlichen Wirkungsfelder von Belebung und Regeneration einerseits und Gehirnbildung andererseits sind typisch für den Silberprozeß.

Nicht nur in vielen seiner physikalischen und chemischen Eigenschaften, sondern auch bezüglich des prozessualen Wirkens im Organismus steht dem Silber das *Blei* gegenüber. Dieses bewirkt die Begrenzung des Lebens. Durch Bleiwirkung werden lebendige Substanzen in den mineralisch-festen Zustand übergeführt. Dadurch werden zugleich die in der lebendigen Substanz wirkenden ätherischen Kräfte freigesetzt und bilden dann die Grundlage für geistige Vorgänge. Aus einer alten Einsicht heraus wurde der dem Blei entsprechende Saturn als Ausgangspunkt von Todeskräften dargestellt. Das Skelett des Menschen ist sein Ergebnis und das Bild des Todes. Schließlich verdankt der Mensch die Möglichkeit, über Geist frei verfügen zu können, dem im menschlichen Organismus wirkenden Todesprozeß, der notwendigerweise zugleich Lebendiges erstarren, mineralisch festwerden oder ersterben läßt.

Wären nur diese beiden Prozesse im Menschen wirksam, so könnte er nur zwischen Leben und Tod hin und her schwingen. Es wäre jedoch für ein seelisches Wirken keine Grundlage gegeben. Dazu müssen diese beiden Prozesse weitergeführt werden.

Die durch den Silberprozeß „belebten" Substanzen müssen in den Dienst des ganzen Organismus gestellt werden und dürfen kein Eigenleben enthalten. Sie müssen einer höheren Funktion entgegengeführt werden. Der Prozeß, der dies bewirkt, ist dem *Merkur* identisch. Seit alters her werden im Merkur die vermittelnden und verbindenden Kräfte gesehen. Merkur, der Götterbote, vermittelt zwischen Himmel und Erde, zwischen höheren geistigen Wesenheiten und dem Menschen, aber auch zwischen verschiedenen Gebieten. Insofern liegt hier ein Ur-Heilungsprinzip vor, da viele Krankheiten auf einer mangelnden Vermittlung beruhen: An einem Ort ist substantiell oder prozessual etwas zu viel, was andernorts fehlt. So können Stauungen entstehen, der Merkurprozeß löst sie auf und führt weiter. Deshalb war auch im Altertum der Merkur der Gott der Kaufleute, denn ihre Aufgabe war es, etwas von einem

Ort des Überflusses zu einem Mangelgebiet zu vermitteln. In höherem Sinne ist dies tatsächlich eine heilende Tätigkeit, weshalb Merkur zugleich der Gott der Ärzte war.

Als Organ wird aus den Kräften des Merkur die Lunge gebildet. Sie vermittelt in der Ein- und Ausatmung die belebenden und abtötenden Kräfte. Mit diesem typisch menschlich-tierischen Atmungsvorgang ist die Grundlage für ein höheres, seelisches Leben gegeben, das über das biologische vegetative Leben hinausgeht.

Während der Bleiprozeß die Grenze vom Lebendigen zum Toten, Mineralischen beherrscht, steht *Zinn* ebenso wie *Quecksilber* eine Stufe über der Wirkung der Polarität Blei — Silber. Das Wirkungsfeld des Zinnprozesses ist daher nicht der feste oder gar mineralische Zustand; es sind die halbfesten Zustände, wie sie typisch für die organischen Substanzen sind. Salze können bekanntlich aus einer Lösung auskristallisieren, sie gehen dann vom flüssigen in den festen Zustand über. Dabei gibt es keine Zwischenstufen oder allmählichen Übergänge. Im organischen Bereiche dagegen gibt es alle möglichen halbfesten Zwischenzustände, wie den zähflüssigen Honig, Gelee, Knorpel usw. Ein Salzkristall drückt nicht nur das Ergebnis von Todeskräften aus, sondern zeigt die Stoffeskräfte, die in der Kristallgestaltung zur Wirkung kommen. Deshalb ist aus der Form des Kristalls zumeist schon die Substanz bestimmt. Im Gegensatz dazu ist der halbflüssige Zustand gerade offen für die Einwirkung von anderen Kräften, die nicht aus der Eigenart des Stoffes kommen. Diese Formung, das Plastizieren des organischen Materials geschieht durch die Kräfte des Zinns.

Das Organ, das aus den Zinnkräften heraus gebildet wird, ist die Leber. Ihre Konsistenz z. B. ist typisch für diesen halbfesten Zustand. Die Leber hängt auch mit dem Beherrschen des Wassers zusammen. Deshalb wirkt der Zinn-Prozeß auch auf den Wasserhaushalt, jedoch in völlig anderer Weise als es beim Merkur-Prozeß geschildert wurde.

Durch die dritte Polarität, nämlich Kupfer — Eisen, wird das, was durch die vorangegangenen Prozesse erreicht und an Substanz geschaffen wurde, zur Reifung und Entfaltung geführt.

Kupfer steht auf der aufbauenden Seite des Stoffwechsels. Seine Bedeutung liegt aber nicht in der Schaffung lebendiger Substanz —

das ist die Aufgabe des Silberprozesses —, sondern in deren „Reifung", so daß die Stoffe durchseelt werden können und der Geist sich ihrer bedienen kann. Die durch die Leber belebte, aber „nur" vitalisierte Substanz muß noch so verändert werden, daß sie seelische und geistige Impulse aufnehmen kann. Dies geschieht durch die Tätigkeit des Nierensystems; es ist das dem Kupfer entsprechende Organ. Durch den Kupferprozeß, der über das Nierensystem wirkt, „reift" die lebendige Substanz und wird empfindungsfähig. Dadurch kann der Mensch einen Seelenleib in sich beherbergen.

Von allen sieben Metallen ist die physiologische Bedeutung des *Eisens* am bekanntesten, weil es in erheblicher Menge auch materiell auftritt. Es gibt jedoch verschiedene Zustandsformen und Orte der Wirksamkeit des Eisens. Gerade in diesem lückenlosen Durchgehen von immateriellen, rein dynamischen Wirkungen bis in den Stoff kann man die Bedeutung des Eisens für den Menschen erkennen. Es ist *das* Inkarnationsmetall, d. h. es stellt die nötige Verbindung von Geist und Seele mit dem Körper her, es bringt den Geist des Menschen auf der Erde zur Erscheinung.

Durch den Eisenprozeß erhält der Mensch die Aktivität, den Mut und die Tatkraft. Das diesen Vorgängen, aber auch dem Eisen und dem Mars zugeordnete Organ ist die Galle, wobei der Prozeß der Gallenbildung aus der Leber gemeint ist.

Die drei erwähnten Polaritäten werden durch das *Gold* zusammengefaßt und gesteigert. Es ist das umfassendste Metall und vereinigt in sich viele Eigenschaften der anderen sechs Metalle. Es ist das Zentrum der Polaritäten, so wie die Sonne das Zentrum des Planetensystems ist — und auch das Herz der Mittelpunkt des ganzen Menschen, in dem die verschiedensten Prozesse und Polaritäten ihren Ausgleich finden. Auf dieser unmittelbar richtigen Empfindung beruht die Wertschätzung des Goldes. Es umfaßt in Harmonie die größtmöglichen Polaritäten. Es ist als wahrhaft königliches Metall Symbol des Entwicklungsweges des Menschen und der Menschheit.

Diese sieben Metalle bilden in sich eine Einheit, den Mikrokosmos Mensch, der ein Abbild des Makrokosmos ist, was auch auf diese Weise real zu fassen ist.

		Gold	Harmonie	
Kupfer	Eisen	Beseelung	— Aktivität
Quecksilber	Zinn	Vermittlung	— Beherrschung
Silber	Blei	Leben	— Tod

Zur therapeutischen Situation

Die hochwirksamen Medikamente, die heute dem Arzt und zum Teil rezeptfrei dem Patienten überall zur Verfügung stehen, bewirken, daß es „zuverlässig" gelingt, Schmerzen, Entzündungen, Verstopfungen, Sodbrennen, Angstzustände usw. zu beseitigen oder zu lindern. Zumeist ist diese Wirkung zwar prompt, aber nicht von Dauer, weshalb es viele Menschen gibt, die die betreffenden Medikamente dauernd einnehmen müssen. Die Krankheit wird durch sie nicht geheilt. Die Wirkung erstreckt sich nur auf ein Symptom, nicht auf die dahinterstehende Krankheit, weshalb man von symptomatischer Wirkung spricht. Gegen eine vorübergehende Anwendung ist bei kleineren Unpäßlichkeiten oder Beschwerden natürlich nichts einzuwenden. Häufig gewöhnt sich aber der Patient an solche Medikamente, so daß er ohne diese nicht mehr auszukommen glaubt bzw. es nicht mehr will oder auch nicht mehr kann.

Ob aber ein Medikament symptomatisch wirkt oder kausal, d. h. ursächlich, ist oft nicht leicht zu entscheiden. Eine Schmerztablette wird so gut wie immer symptomatisch wirken, da Schmerzen keine Krankheit, sondern ein Symptom davon sind.

Bei anderen Medikamenten, wie z. B. bei den Antibiotika, ist die Entscheidung abhängig von der Anschauung, die man vom Wesen der Krankheit hat: Sieht man in den Bakterien die Ursache der Krankheit, dann ist die Wirkung kausal, d. h. ursächlich. Sieht man in ihnen aber nur ein Symptom der Krankheit, dann ist die Wirkung symptomatisch.

Hier könnte man einwenden, diese Frage sei theoretisch, es käme darauf an, daß der Patient gesund würde. Dies trifft jedoch die Wirklichkeit nicht. Sind die Bakterien die Ursache der Krankheit, dann ist der Mensch gesund, wenn diese beseitigt sind. Sieht man in ihnen nicht die Ursache, sondern liegt diese im Organismus, dann ist die Bakterien-Beseitigung keineswegs mit einer Heilung verbunden. Tatsächlich zeigt sich immer mehr, daß das Problem Krankheit mit Bakterien nicht identisch ist und deren Beseitigung keineswegs Gesundheit bedeutet. Im Grunde genommen wird ja durch die Anwendung von Antibiotika nicht der Mensch, sondern es werden die Bakterien behandelt, die durch diese Anwendung am Wachstum gehindert oder abgetötet werden sollen, im idealen Sinne, ohne den Organismus zu beeinflussen. Deswegen werden auch die Bakterien und ihre Empfindlichkeit ausgetestet, nicht der Organismus. Die Anwendung erfolgt sogar unabhängig davon, um welche Krankheit es sich handelt. So können eine Lungenentzündung, eine Blasenentzündung oder ein Abszeß am Fuß, also ganz verschiedene Krankheiten, mit *einem* Medikament behandelt werden. Entscheidend für diese Anwendung ist lediglich, ob derselbe Erreger vorliegt. Verständlich wird die Tatsache, daß man ganz verschiedene Krankheiten mit demselben Medikament behandelt, nur dann, wenn man die Existenz, Lebensart usw. der Bakterien kennt.

Es gibt aber auch noch andersartig wirkende Medikamente. Fehlt z. B. einem Menschen Magensäure, so ist es naheliegend, ihm diese Säure zuzuführen, wodurch man dann wieder „normale" Verhältnisse herstellen kann. Werden bei älteren Menschen z. B. Drüsen in ihrer Tätigkeit etwas schwächer, ersetzt man diesen Mangel durch Zufuhr von Extrakten aus diesen Drüsen oder durch entsprechende synthetische Präparate. Hierzu gehört auch z. B. die Hormonbehandlung. Man spricht bei diesem Ersatz bekanntlich von *Substitutionstherapie*. Auch diese Anwendung kann nötig, ja sogar lebensrettend sein. Hierfür geben die Diabetiker ein Beispiel: Durch Zufuhr von Insulin aus der Bauchspeicheldrüse, das diesen Menschen fehlt, kann der Stoffwechsel so weit normalisiert werden, daß er — fast — einem Gesunden gleicht; in lebensbedrohlichen Krisensituationen, dem sogenannten diabetischen Koma, gelingt es durch Zufuhr dieser Hormone, einen sonst ziemlich sicher zum Tode führenden Zustand rasch zu überwinden. Dennoch kann auch durch die beste Zufuhr von Insulin der Diabetiker nicht geheilt werden; er ist darauf praktisch zeitlebens angewiesen.

Die lebensrettenden Wirkungen symptomatischer Medikamente oder die Substitutionstherapie können zwar den Tod verhindern und manche Krankheitserscheinungen beseitigen oder unterdrücken, aber eine Heilung nicht direkt erreichen. Damit im Zusammenhang steht die Tatsache, daß der Mensch unserer Tage zwar

eindeutig länger lebt als früher, aber häufiger und länger krank ist!
Darauf wurde eingangs bereits hingewiesen. Es gibt heute eine
große Anzahl von Menschen, die entweder zeitlebens oder durch
Monate oder Jahre Medikamente einnehmen müssen, um arbeiten
oder überhaupt leben zu können. Man kann beim besten Willen
nicht sagen, daß diese Menschen gesund seien — auch wenn sie
so erscheinen mögen.

Viele der eindrucksvollen und vielfach lebensrettenden Eingriffe
der heutigen Medizin beruhen auf der Anwendung der erwähnten
Medikamente. Deshalb empfindet man die Medizin heute als auf
einem noch nie dagewesenen Höhepunkt. Selbstverständlich gehört
es zur Aufgabe der ärztlichen Kunst, das Leben zu erhalten und
Schmerzen und Bedrängnisse zu lindern. Die vornehmste Aufgabe
des Arztes ist es aber, den Menschen zu heilen.

Wie geschieht die Heilung?

Man geht heute bei der Krankheitsbeschreibung und -bezeichnung
von pathologisch-anatomischen Gegebenheiten aus. Man legt also
eine körperliche Veränderung zugrunde. Die Frage, was dazu geführt hat, bleibt in den meisten Fällen offen. Diese Art der Krank-
heitsbetrachtung ist zeitgebunden. Lange Zeit sah man z. B. Säfte-
verschiebungen als entscheidend für die Krankheit an (Humoral-
Pathologie). Man kann jedoch einen Schritt weiter gehen und fragen, welche Kräfteveränderungen im Organismus bewirken die Ab-
änderung der Säfte oder die Änderung in den Zellen? Durch die
anthroposophische Menschenkunde ist es möglich, konkret die
Kräfte zu erfassen, die den Lebensvorgängen zugrunde liegen
(Ätherleib), wie auch diejenigen Kräfte, die mit der Seele des
Menschen zusammenhängen (Astralleib), sowie die Einwirkung des
Geistes (Ich des Menschen) bis in die Substanzen hinein zu verfolgen. Dadurch lassen sich z. B. krankhafte Störungen erkennen,
die sich in ganz verschiedener Weise äußern können und doch mit
einem Medikament zu erfassen sind. Aus dem skizzierten geistes-
wissenschaftlichen Studium kann sich z. B. ergeben, daß bei einem
Menschen der Zinn-Prozeß gestört ist. Das kann sich sowohl in
Leberstörungen äußern wie aber auch in einer mangelhaften Knor-
pelbildung, was zu bestimmten Gelenkerkrankungen führen kann.
Aber auch an Störungen der Gestalt des Menschen, ja bis in die
Denkstruktur hinein, läßt sich das Wirken solch eines Metallpro-
zesses verfolgen — und therapeutisch anwenden.

Das Entsprechende gilt für andere Metallprozesse oder Mineralien. Um deren Wirkung zu verstehen, ist es ebenso nötig, sich das Wesen der betreffenden Substanz zu erarbeiten, wie es zum Verständnis der Wirkung der Antibiotika nötig ist, sich eine Kenntnis der Bakterien zu erwerben (siehe obiges Beispiel). Dann kann einsehbar werden, warum eine bestimmte Substanz so verschiedene Dinge wie eine krankhafte Leber, Gelenksveränderungen, sogar die Wesensart eines Menschen beherrschen kann, wie es als Beispiel für den Zinn-Prozeß geschildert wurde.

Wegen dieser anderen Basis ist es deshalb auch unmöglich, etwa „Erfolge" der Chemotherapie mit dieser Behandlungsweise zu vergleichen. Krankheitsauffassung und Ziel der Behandlung sind völlig andere. Ob dem Organismus Reaktionen abgenommen bzw. ersetzt werden oder dieser so angeregt wird, daß er selbst Reaktionen (wieder) lernt oder die Kräfte gewinnt, selbst Bakterien zu beherrschen usw., ist ein entscheidender Unterschied. Im einen Falle wird der Mensch weitgehend ausgeschaltet, im anderen ist er der Mittelpunkt des ärztlichen Bemühens. Jede Krankheit, die dem Organismus nur abgenommen wird, bringt diesen nicht weiter. Dadurch wird der Mensch von der Krankheit getrennt.

Damit ist die Schicksalsfrage berührt, die mit der Krankheit zutiefst verbunden ist. Es gehört zu den wesentlichen Ergebnissen der Geisteswissenschaft, daß der Zusammenhang von Krankheit und Schicksal mit der menschlichen Individualität einsehbar gemacht worden ist, was aber zur Notwendigkeit der Anerkennung nicht nur der Postexistenz, sondern auch der Präexistenz des Menschen führt, d. h. der Reinkarnation des geistigen Wesens des Menschen. Letzten Endes ist aber auch die Krankheitsfähigkeit des Menschen ein geistiges Problem, das weder auf rein naturwissenschaftlicher Ebene noch durch das Studium der Seele allein zu lösen ist.

Die heutige therapeutische Denkweise ist befangen und berauscht von der raschen und intensiven Wirkung vieler Medikamente. Sie nimmt diese als Maßstab. Die Reaktionslage des Organismus wird dabei ebensowenig berücksichtigt wie die Frage der Zweckmäßigkeit. Vielfach lassen sich Arzt und Patient von Augenblicks-Erfolgen blenden, ohne an die Folgen zu denken, die z. B. ein unterdrücktes Krankheitsbild nach sich ziehen kann. — Durch eine erweiterte Krankheitsauffassung kann man z. B. erkennen, daß das Fieber, aber auch andere entzündliche Reaktionen, für den Menschen nicht nur eine Gefahr bedeuten können, sondern auch Hilfen für seine ganze Entwicklung sind, die die ganze Konstitution und auch Krankheitsanlagen, die sich vielleicht erst wesentlich später äußern, verändern können. Die oben geschilderte Polarität von Entzündung und Sklerose gestattet es, diese Wechselwirkungen konkret zu durchschauen. Krankheit bedeutet — wie gezeigt wurde — Trennung, Entzweiung, vor allen Dingen aber Ungleichgewicht. Dies liegt jeder Krankheit zugrunde — oftmals allerdings verdeckt. Aufgabe des Arztes ist es, die gestörten Verhältnisse aufzudecken und die Neuordnung einzuleiten. Heilung ist aber erst erreicht, wenn der Patient in der Lage ist, die Prozesse, die zu einem Zuviel oder Zuwenig geführt haben, *selbst* zu beherrschen. Dann hat er etwas „gelernt" durch die Krankheit; er ist merklich oder unmerklich ein anderer geworden. Das geht niemals ohne aktive Beteiligung des Patienten. Deshalb kann zwar ein Mensch ohne seine Mitwirkung oder sogar gegen seinen Willen „behandelt", aber nicht geheilt werden.

Die meisten heutigen therapeutischen Maßnahmen sind auf kurzfristige Wirkung und Erfolg begründet. Deshalb liegen die größten Möglichkeiten der heutigen Medizin in der Beherrschung von akuten Krankheiten. Dagegen ist nach *Jores* „der chronisch Kranke das ungelöste Problem der heutigen Medizin".[1]

Ein Großteil dieser chronischen Krankheiten ist die Folge nicht ausgeheilter, d. h. unterdrückter akuter Krankheiten; insbesondere gehören hierher die chronisch-entzündlichen Krankheiten. Ein weiterer großer Teil chronischer Krankheiten ist die Folge des routinemäßigen Unterdrückens jeder fieberhaften Erkrankung, wodurch das geschilderte Gleichgewicht der Krankheitstendenzen massiv verschoben wird.

Unentbehrliche Hilfsmittel, um die Heilung zu erreichen, sind für den Arzt die Heilmittel; sie helfen dem Patienten, die Krankheitskrise zu überwinden. Viele Medikamente nehmen ihm nur die Schwierigkeiten ab oder handeln an seiner Stelle, indem sie selbst den Blutdruck oder das Fieber senken, die Bakterien abtöten usw. Das Heilmittel aber soll dem Patienten „zeigen", wie die gesunde Reaktion verläuft, ohne ihn dazu zu zwingen. Deshalb ist es für ein Heilmittel kein Maßstab, wie rasch und intensiv es ein Fieber zu senken oder ein anderes Symptom zu beseitigen vermag. Dieses kann ja sinnvoll und für den Organismus sogar notwendig sein. Viel bedeutsamer ist es, dem Organismus die Möglichkeit zu geben, die Reaktionen selbst zu beherrschen, den Gesamtzustand zu erfassen, so daß die Bildung z. B. des hohen Fiebers nicht mehr „notwendig" wird. Das ist durch das geeignete Heilmittel durchaus zu erreichen. — Ein übliches Schlafmittel zwingt jeden Menschen zum Schlaf, wenn es nur hoch genug dosiert ist, gleich, weshalb der Betreffende schlaflos ist. Die Krankheit Schlaflosigkeit als solche wird dadurch nicht berührt. Das Heilmittel aber „lehrt" ihn, wieder schlafen zu können, wozu die Kenntnis der jeweiligen Ursachen nötig ist. Ebenso vielfältig wie diese müssen deshalb auch die Heilmittel sein.

Das Kennzeichen des Heilmittels ist es, daß es den Patienten in seiner Ganzheit von Leib, Seele und Geist anspricht und den Organismus in die Lage versetzt, deren Harmonie selbst wieder herzustellen. Die Wirkungsebene der Heilung liegt im Bereich des Lebens und der Seele und ist allem stofflichen Geschehen übergeordnet; es ist das Gebiet der schöpferischen Kräfte schlechthin, das bei der Heilung angesprochen wird. So kann es verständlich werden, wenn der griechische Philosoph Herophilos die Heilmittel „die Hände der Götter" nannte. Heilen ist Wiederherstellen des göttlichen Urbildes des Menschen; die Heilmittel sind die Werkzeuge dazu. Es versteht sich, daß die Anwendung dieser Heilmittel nur dann sinngemäß erfolgen kann, wenn sie auf der Grundlage des Menschenbildes erfolgt, wie es geschildert wurde. Der Weg dazu ist das Vordringen in die Wesenserkenntnis von Pflanze, Tier und Mensch. Es geht dabei nicht nur um ein nur registrierendes Wissen, sondern das Entwickeln und Erwerben von Fähigkeiten und dadurch Einleben in die Gesetzmäßigkeiten höherer Welten.[13] Es kann sich keinesfalls darum handeln, das Rüstzeug des modernen Arztes etwa abzulehnen oder zu verachten, sondern dieses als Instrument neben anderen Erkenntnissen und Möglichkeiten zu benutzen. Auf diese Weise ist es möglich, die heutige, überwiegend naturwissenschaftlich geprägte Medizin zur *Heilkunst* zu erweitern.

Ausblick

Die Forderung unserer Zeit kann es nicht nur sein, noch intensivere und rascher wirkende Medikamente zu schaffen, sondern zu einer umfassenden Einsicht in das Krankheitsgeschehen zu kommen und aus dieser wahre Heilungen anzustreben. Die Möglichkeit dazu bietet die durch Anthroposophie erweiterte Medizin.

Durch sie werden die Errungenschaften der modernen Medizin in keiner Weise abgelehnt, sondern diese in ihrer Einseitigkeit ergänzt.

„Nicht um eine Opposition gegen die mit den anerkannten wissenschaftlichen Methoden der Gegenwart arbeitende Medizin handelt es sich. Diese wird von uns in ihren Prinzipien voll anerkannt. Und wir haben die Meinung, daß das von uns Gegebene nur derjenige in der ärztlichen Kunst verwenden soll, der im Sinne dieser Prinzipien vollgültig Arzt sein kann.

Allein wir fügen zu dem, was man mit den heute anerkannten wissenschaftlichen Methoden über den Menschen wissen kann, noch weitere Erkenntnisse hinzu, die durch andere Methoden gefunden werden, und sehen uns daher gezwungen, aus dieser *erweiterten* Welt- und Menschenerkenntnis auch für eine Erweiterung der ärztlichen Kunst zu arbeiten.

Eine Einwendung der anerkannten Medizin kann im Grunde gegen das was wir vorbringen, nicht gemacht werden, da wir diese nicht verneinen. Nur derjenige, der nicht nur verlangt, man müsse sein Wissen bejahen, sondern der dazu noch den Anspruch erhebt, man dürfe keine Erkenntnis vorbringen, die über die seinige hinausgeht, kann unseren Versuch von vornherein ablehnen."[14]

Es fanden sich seinerzeit Ärzte, die lebhaftes Interesse für die Erweiterung der Heilkunst nach geisteswissenschaftlichen Erkenntnissen hatten. Für sie gab R. Steiner 1920 den 1. Medizinischen Kurs, dem noch weitere folgten. 1921 gründete die Ärztin Ita Wegman das Klinisch-Therapeutische Institut in Arlesheim bei Basel (Schweiz). Dieser Klinik, die jetzt ihren Namen trägt, war ein Laboratorium angegliedert, dessen Aufgabe es war, für anthroposophische Ärzte die spezifisch benötigten Heilmittel herzustellen. Auch in Stuttgart wurden im Zusammenhang mit der Klinik neue Heilmittel erprobt und hergestellt. Die Herstellungsstätten wurden dann in der Weleda AG zusammengefaßt, die ihr Stammhaus in Arlesheim hat mit Niederlassungen in fast allen Ländern der westlichen Welt.

Heute praktizieren auf der ganzen Welt Ärzte im Sinne dieser erweiterten Heilkunst. Kliniken existieren in Deutschland (4), der Schweiz (2), Holland (1) und Brasilien (1). Es besteht ein Medizinisches Seminar in Arlesheim (Schweiz), in dem regelmäßig zweimal im Jahr ein dreimonatiger Einführungskurs für Ärzte stattfindet. In verschiedenen Orten finden Fortbildungskurse und Tagungen statt, in denen versucht wird, die Grundlagen und Praxis dieser Medizin darzustellen und weiterzuführen.

Die Zeitsituation, aber auch die Lage auf medizinischem Feld hat sich seit dem Ende des Erdenwirkens von R. Steiner (1925) weiter verschärft im Sinne einer Einseitigkeit der Anschauungsweisen vom Menschen unter Abtrennung oder Vernachlässigung seines geistigen Wesens. Immer deutlicher wird von der Zeitsituation die Forderung an den Menschen gestellt, daß „er nicht bloß theoretisch an Natur- und Geisteskräfte herantritt, sondern so, daß er sie auch handhaben lernt, um aus dem geistigen Erkennen heraus das Leben in seinen gesunden und kranken Zuständen zu gestalten. Das Leben wird mit fortdauernder Zivilisation immer komplizierter und komplizierter. Heute schon waltet auf dem Untergrunde vieler Seelen die Sehnsucht, das zu finden, was diesem immer komplizierter werdenden Leben gewachsen ist. Anthroposophie will vor allem mit diesen Sehnsuchten rechnen. Und man wird sehen, daß sie, gegenüber vielem Zerstörenden im heutigen Leben, in ehrlicher Weise mitarbeiten will am Aufbauenden, am Wachsen und Gedeihen in der Zivilisation — aber nicht in lahmen Phrasen, sondern in der Betätigung, in den praktischen Fragen des Lebens, überall da, wo erkannt werden soll, will sie so erkennen, daß Erkenntnis ins Leben überfließen kann, und überall da, wo etwas im Leben auftritt, will sie so erkennen, daß sie helfen kann."[8]

In der Anthroposophie R. Steiners liegt ein spirituelles Menschenbild vor, aus dem sich auch eine Krankheitsauffassung ergibt, die die Gesamtheit des Menschenwesens umfaßt. Erst durch ein konkretes Einbeziehen des Geistes, der Seele und des Lebens ist eine *Vermenschlichung der Medizin* möglich. Die dazu nötigen Heilmittel können ihren Sinn nur erfüllen, wenn sie *menschengemäß* beschaffen sind.

Literatur und Anmerkungen

[1] *Jores, Arthur:* Die Medizin in der Krise unserer Zeit. Bern 1961. Siehe dazu auch: *Kienle, Gerhard:* Arzneimittelsicherheit und Gesellschaft. Verlag Freies Geistesleben, Stuttgart 1974. In diesem Buche ist die Frage der Krankheitsauffassung und ihre heutige einseitige Behandlung ausführlich dargestellt.

[2] Eine Übersicht und eine Literaturzusammenstellung zu diesen Fragen finden sich bei: *Husemann/Wolff:* Das Bild des Menschen als Grundlage der Heilkunst, Band II: Zur Pathologie und Therapie, Neuauflage 1. Halbband, S. 138 ff. Verlag Freies Geistesleben, Stuttgart 1974.

[3] *Hahnemann, Samuel:* Organon der Heilkunst, § 270.

[4] *dto.*, Anmerkung zu § 269; kursiv im Original.

[5] *dto.*, § 11; Anmerkung.

[6] *Pelikan, Wilhelm* und *Georg Unger:* Die Wirkung potenzierter Substanzen. Philosophisch-Anthroposophischer Verlag, Dornach 1965.
Stuttgart 1971.
Pelikan, Wilhelm in: Evolution und Heilmittel. Sondernummer der Weleda

[7] *Pelikan, Wilhelm* in: Potenzierte Heilmittel. Verlag Freies Geistesleben, Korrespondenzblätter für Ärzte 79/1971, Seite 94 ff.

[8] *Steiner, Rudolf:* Was kann die Heilkunst durch eine geisteswissenschaftliche Betrachtung gewinnen? Rudolf-Steiner-Verlag, Dornach 1958.

[9] *Martini*, zit. bei *Stiegele, Alfons:* Homöopathische Arzneimittellehre, S. 37. Hippokrates-Verlag Marquardt & Cie., Stuttgart 1949.

[10] Eine Zusammenfassung der Arbeiten findet sich bei: *Wolff, Otto* (Hrsg.): Die Mistel in der Krebsbehandlung. Verlag Vittorio Klostermann, Frankfurt 1975.

[11] *Kolisko, Lilli:* Sternenwirken in Erdenstoffen. Stuttgart 1927, 1929, 1932.
Faussurier, André: La Nature et le Langage des Formes. Supplément au Bulletin Nr. 2/1970 de l'Association européenne d'agriculture et d'hygiène biologiques „Nature et Progrès".
Fyfe, Agnes: Die Signatur des Mondes im Pflanzenreich. Verlag Freies Geistesleben, Stuttgart 1967.
dto.: Die Signatur Merkurs im Pflanzenreich. Verlag Freies Geistesleben, Stuttgart 1973.
Pelikan, Wilhelm: Sieben Metalle. [¹1952] Philosophisch-Anthroposophischer Verlag, Dornach ³1968.

[12] Ausführliche Darstellungen bei:
Wolff, Otto: Therapie mit Metallen. In: Evolution und Heilmittel. Sondernummer der Weleda Korrespondenzblätter für Ärzte 79/1971, Seite 118 ff.
Husemann/Wolff: Das Bild des Menschen als Grundlage der Heilkunst.

Band II/1.Halbband: Zur Pathologie und Therapie. Verlag Freies Geistesleben, Stuttgart 1974.

Band II/2. Halbband erscheint Ende 1977.

Pelikan, Wilhelm: Sieben Metalle (siehe Ziffer 11).

[13] In diesem Zusammenhang sei auf die grundlegenden Schriften von *Rudolf Steiner* hingewiesen (Rudolf-Steiner-Verlag, Dornach):

Philosophie der Freiheit (1894)

Wie erlangt man Erkenntnisse der höheren Welten? (1904)

Die Geheimwissenschaft im Umriß (1910)

Praktische Ausbildung des Denkens (Vortrag 18. 1. 1909)

[14] *Steiner, Rudolf / Wegman, Ita:* Grundlegendes für eine Erweiterung der Heilkunst nach geisteswissenschaftlichen Erkenntnissen (1925). Rudolf-Steiner-Verlag, Dornach 1972.

Medizin auf totem Gleis

Das Menschenbild der Medizin als vorwissenschaftliche Ideologie.

Von **Hugo S. Verbrugh**

180 Seiten, kartoniert DM 18,–

„In diesem Buch werden in überraschend klarer Weise eine Anzahl medizinischer Probleme erörtert und die Unzulänglichkeit ‚offizieller und öffentlicher' Lösungen aufgezeigt. Deutlich und fesselnd im Stil sprüht es von Ideen und Aussagen, die man sich gern als Ausgangspunkte für Diskussionen wünschen möchte."

Quod Novum, Rotterdam

Der Leib als Instrument der Seele

in Gesundheit und Krankheit.

Von **Dr. med. Walther Bühler.**

5. Auflage, 87 Seiten, kartoniert DM 9,–

Die Aufsätze möchten denjenigen Zeitgenossen eine geisteswissenschaftlich begründete Anschauung vom Menschen vermitteln, welche die Gefahren sehen, die trotz aller Fortschritte mit der zunehmenden Veräußerlichung unserer Zivilisation der ganzen Menschheit erwachsen.

Genuß aus dem Gift?

Herkunft und Wirkung von Kaffee, Tee, Kakao, Tabak, Alkohol und Haschisch.

Von **Dr. med. Werner Christian Simonis.**

2. Auflage, 136 Seiten mit Abbildungen, kartoniert DM 15,–

Vom Bild und Sinn des Todes

Geschichte, Physiologie und Psychologie des Todesproblems.

Von **Dr. med. Friedrich Husemann.**

3. Auflage, 206 Seiten, kartoniert DM 14,–

Der Autor zeigt, daß Geburt und Tod von jeher als Schwellen einer Prä- und Postexistenz verstanden und erfahren worden sind. Dem unbefangenen Leser erschließt sich ein gedanklich exakter Zugang zu dieser größten Frage der Menschheitsgeschichte – der Frage nach dem Sinn des Todes.

VERLAG FREIES GEISTESLEBEN